방송국에서 일하고 싶은
10대를 위한 현직 PD의 '일' 이야기

이 PD의
방송국
탐구생활

글 **이수연** (TV조선 보도국 뉴스PD)

꿈틀

너도 방송국에서
일할 수 있어

"방송국에 취직하려면 어떻게 해야 해요?"

간혹 어린 친구들을 만날 때면 물어오는 말이다. 어쩐지 답은 아는 거 같은데 방송국 다니는 사람을 만났으니 직접 확인하고 싶은 눈빛이다. 아마 예상하는 답은 '공부 열심히 해야 한다'는 것일 터이다. 그런데 그 친구들에게 이 질문을 덧붙이면 금세 동공이 지진을 일으킨다.

"그래서 너는 방송국에서 뭘 하고 싶은데?"

연예인도 보고 방송국에서 일하면 재미있을 것 같긴 한데, 막상 그 안에서 본인이 어떤 일을 잘 할 수 있는지 확신은 없는 것이다. 나 역시도 그랬다. 그저 글 쓰는 게 좋고 TV 보는 것을 즐겼기 때문에 '방송국에서 일하는 작가가 돼야지' 막연히 생각했을 뿐 교양이나 예능, 다큐멘터리 등 작가도 전공 분야가 다 다르다는 사실은 나중에야 알았다.

방송국엔 정말 많은 직업이 존재한다. PD나 기자, 아나운서같이 많이 알려진 직종 외에도 기술이나 촬영감독, IT 개발자, 그래픽 디자이너, 외신 모니터 등 복잡한 프로그램의 제작에 기여하는 직업들이 많이 있다. 거기에 같은 PD라도 예능, 드라마, 뉴스, 라디오 등 프로그램 성격에 따라 전문분야가 세분화되어 있고 필요로 하는 조건도 다 다르다.

방송직종에 도전한다고 할 때 부모님부터 선생님까지 마주치는 어른들은 이구동성으로 '성적이 좋아야 한다'고 말한다. 물론 틀린 말은 아니다. 일부 방송직종은 소위 '언론고시'라는 무시무시한 말이 있을 정도로 어려운 관문을 통과해야 하는 것도 사실이다. 하지만 모든 직종이 그렇다고 할 순 없다. 일반 사무직보다는 전공분야가 뚜렷한 방송직종은 본인이 스스로 재능만 잘 파악한다면 도전해볼 분야가 무궁무진하다. 또 성적보다는 전문분야의 실력을 중시하는 경우가 많으니 다양한 경로로 능력을 입증하고 취업에 성공할 수도 있다.

내가 무엇을 좋아하고 어떤 재능이 있는지, 그리고 어느 방송직종에서 능력을 발휘할 수 있는지 알고 도전한다면 방송국으로 가는 길은 조금 더 쉽고 빠를 수 있다. 종일 컴퓨터만 붙잡고 사는 아이들도 4차 산업 시대에 필수 인력으로 성장할 수 있는 곳이 방송직종이다.

　방송직종에 도전할 땐 한 가지 각오해야 할 것이 있다. 바로 거북이걸음이다. 내가 좋아하는 일을 시작했다고 해도 방송은 시간과 경험이 빛을 만들어 내는 예술이다. 젊은 후배의 깜짝 아이디어가 섬광을 낼 수는 있어도, 오랜 시간 현장에서 노하우를 쌓은 선배의 오라(Aura)를 덮을 순 없다. 그렇다보니 폭풍 한설에 24시간 카메라를 지켜야 하는 극한 촬영에도, 꼬박 며칠 밤낮을 새며 편집해야 하는 살인적인 스케줄에도 방송인은 지칠지언정 포기하지 않는다. 묵묵히 걸은 그 거북이걸음이 훌륭한 방송인이 되는 양분임을 알기 때문이다.

　자신이 어떤 방송직종에 재능 있는지 생각했다면, 끈기 있는 거북이걸음으로 도전해 보자. 방향을 잃지 않고 꾸준히 걸어간다면 반드시 목표에 도달할 것이다. 모든 길에는 끝이 있기 때문이다.

_가을과 겨울 사이에서, 이PD

• 차례 •

1장 뉴스PD를 아십니까?

2장 뉴스를 함께 만드는 사람들

3장 방송국에 있는 사람들은 어떻게 일할까?

4장 방송, 그것이 알고 싶다

5장 방송은 열정순이잖아요

구석구석
방송국에 숨은 직업 이야기

"바쁘니?"

소식이 뜸하던 친구가 갑자기 안부를 묻는다. 아, 또 때가 됐나 보다.

방송국은 견학 장소로 인기가 높다. 그래서 현장학습이나 방학 시즌이 되면 연락하는 친구들이 많다. TV로는 볼 수 없는 카메라 뒤 풍경도 엿볼 수 있고, 운이 좋다면 연예인도 만날 수 있으니 아이들 흥미 끌기엔 안성맞춤인 모양이다.

견학 온 아이들과 이야기를 나누다 보면 관심이 몇 가지로 모아진다. "연예인 중에 누가 제일 잘 생겼냐"가 일단 압도적 관심사다. 그 다음엔 "기자나 아나운서가 되고 싶다"는 때 이른 취업상담도 많다.

콕 집어 기자나 아나운서를 지목하는 건 아무래도 TV에서 익숙하게 봐왔기 때문일 것이다. 그러면서 꼭 덧붙이는 질문이 있는데 "공부는 얼마나 잘해야 되느냐" 하는 것이다. 방송국 취업이 일명 '언론고시'라 불린다는 무시무시한 소문이 있으니 당연한 궁금증이다. 물론 좋은 스펙과 높은 점수가 필요한 직종이 있다. 하지만 꼭 그렇지만도 않은 것이 현실이다. 본인이 적성을 잘 파악하고 또 방송이 어떻게 제작되는지 잘 알아둔다면 얼마든지 즐겁게 일할 수 있는 곳이 방송국이다.

최근 방송국에서 가장 중심이 되는 직군 중 하나가 IT 기술분야이다. 이젠 촬영에서 편집, 송출까지 IT 기술이 개입 안 되는 곳이 없다. 뉴스도 마찬가지다. 큐시트 작성에서 자막 진행까지 컴퓨터 프로그램 없이는 방송이 불가능할 정도다.

과거엔 컴퓨터가 고장 나면 외주업체를 불러 수리 정도만 맡겼다면, 이젠 회사 내에 '기술기획팀' '기술개발팀' 등 별도의 부서를 두고 운영을 한다. 아예 '기술연구소'를 차려 방송 관련 프로그램을 자체 개발하고 다른 방송국에 판매해서 수익을 창출하는 방송국도 있다.

이들은 국내외 대규모 이벤트가 있을 때면 누구보다 먼저 현장에 투입돼 방송 시설을 구축하는 맹활약도 펼친다. 부모들이 걱정하는 '종일 컴퓨터만 하는 아이들'이 방송국에선 빛을 발하는 인재가 될 수 있는 것이다.

'4차 산업 혁명'은 또 어떤가. AI(인공지능)라고 하면 이세돌 9단
이 '알파고'를 격파하던 경이로움만 있는 줄 알았는데, 이젠 AI가 가
수들과 모창 대결을 벌이고 아나운서 대신 뉴스를 진행하는 시대가
됐다. VR(가상현실)의 세계는 조금 더 놀랍다. VR이 방송과 만나면
세상을 먼저 떠난 아이를 엄마 앞에 다시 등장시켜 감동적인 해후
장면을 연출한다. 또 예전엔 단순하게 쌓아만 놨던 각종 영상자료
도 이젠 '아카이브'란 방송 아이템으로 환골탈태 중이다. 이 4차 산
업 덕분에 방송 분야엔 VR 디자이너, AI 프로그래머 등 새로운 직
업이 생겨나고, 카메라맨들은 드론 조종을 연마해 '드론 항공촬영
전문가'로 거듭나기도 한다.

4차 산업이 아니더라도 기존 직군들도 분화와 융합을 거듭한다.
드라마, 예능, 다큐멘터리 정도만 분류되던 PD도 종편 출범과 함께
뉴스 생방송과 시사보도PD로 세분화되고, 맛집 프로그램이 성행
하더니 국제 요리학교에서 수학한 요리전문PD도 생겨났다. 방송국
에서의 직업이라면 기자, PD, 아나운서만 생각하던 방송 지망생들
에겐 선택의 폭이 넓어지고 있다.

방송국은 정규직과 프리랜서, 파견직 등 여러 가지 고용 형태가
섞여 있는 곳이다. 물론 장단점이 있지만, 프리랜서라고 꼭 '고용이
불안하다'고 단정 지을 수 없다. 프리랜서는 저작권 등 창작의 대가

가 인정되고, 여러 방송국과 동시에 일할 수 있기에 자기 관리를 어떻게 하느냐에 따라 남보다 나은 결실을 맺을 수도 있다. 물론 같은 직종 안에서 치열한 경쟁을 해야 하는 건 분명한 현실이다. 하지만 평생직장 개념이 사라지는 요즘 추세에 자기 경쟁력을 무기로 방송 일에 도전해 보는 것도 생각해 볼 수 있는 선택지 중 하나다.

필자도 처음에는 예능작가로 출발해 보도작가를 거쳐 PD가 된 이력을 가지고 있다. 일반적인 사례는 아닐지라도, 또 의지만 있다면 불가능한 것도 아니란 걸 힘주어 이야기하고 싶다. 두드리는 사람에겐 길이 열리는 것이 어느 일터에나 일어나는 일이기 때문이다.

그렇다면 나의 적성에 맞는 방송 직종은 무엇이 있을까? 방송국 사람들은 어떻게 생활하고 어떤 고민이 있을까? 카메라 뒤에서 움직이기 때문에 눈에 쉽게 보이진 않지만, 방송국 구석구석에 숨어 있는 직업들. 그 맡은 바 책임을 다하기 위해 방송인들이 벌이는 고군분투기를 통해 조금이나마 방송의 직업 세계를 엿볼 수 있기를 바란다.

1장

뉴스PD를
아십니까?

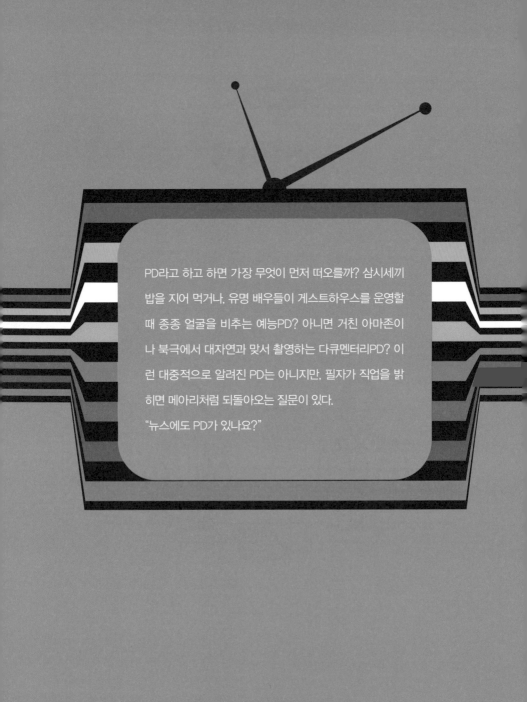

PD라고 하고 하면 가장 무엇이 먼저 떠오를까? 삼시세끼 밥을 지어 먹거나, 유명 배우들이 게스트하우스를 운영할 때 종종 얼굴을 비추는 예능PD? 아니면 거친 아마존이나 북극에서 대자연과 맞서 촬영하는 다큐멘터리PD? 이런 대중적으로 알려진 PD는 아니지만, 필자가 직업을 밝히면 메아리처럼 되돌아오는 질문이 있다.

"뉴스에도 PD가 있나요?"

ON AIR

뉴스에도
PD가 있나요?

물론이다. 뉴스에도 연출가, 즉 PD가 있다. 리포트를 제작하는 것은 기자의 몫이지만, 뉴스 안에서 앵커와 출연자를 더욱 돋보이게 하고 기사 내용도 알기 쉽게 풀어내는 일을 뉴스PD가 한다. 앵커가 말을 할 때 배경 사진을 무엇을 띄울지, 자막은 어떤 모양으로 넣을지 결정하는 것도 뉴스PD들의 일이다.

그러나 뉴스PD라는 것이 좀 생소해서 그런지 드라마PD나 예능PD와 혼동하는 분들도 있다. 그러나 뉴스PD로서 내가 하는 일의 재미는 여느 예능이나 다큐멘터리 못지않다.

먼저 뉴스의 뒷이야기를 알아가는 과정이 흥미롭다. 아이템이 정해지면 정확한 사실확인 겸 추가 취재를 하는데, 이때 이슈 당사자의 속사정을 듣거나 경찰에게 사건 비화를 듣게 된다. 단순하게 문자로 읽을 때와는 비교할 수 없게 풍부한 내용을 알게 된다. 이렇게 취재된 내용을 방송에서 찬찬히 풀어낼 때면, 여느 다큐멘터리나 드라마 못지않은 이야기꾼이 된다.

PD의 특기인 연출이 기사에 가미되면 같은 사건이라도 훨씬 더 쉽고 재미있는 뉴스로 탈바꿈한다. 가령 엎치락뒤치락 등락이 바뀌는 선거 방송을 예를 들어보자. 그저 '누가 몇 표를 얻었다' 단순 결과만 알려주지 않고, 승패의 원인을 과거 선거에서 유사한 사례를 찾아 '평행이론' 방식으로 풀어내면 완전히 새로운 관전 포인트가 생긴다.

또 피해자와 가해자가 복잡한 사연으로 얽힌 사건 기사를 삽화 한 장으로 단숨에 설명하거나, 뉴스에서는 잘 시도하지 않는 시청자 사연 소개도 과감하게 도입해서 변주를 하는 것이 뉴스PD의 역량이다. 취재도 하고 구성도 하는, 기자와 PD의 매력을 동시에 가지고 있는 것이 뉴스PD인 것이다. 특히 예전엔 뉴스 생방송을 담당하는 진행PD와 대담 프로그램을 제작하는 시사PD가 분리돼 있었지만, 최근엔 뉴스 프로그램도 포맷이 다양해지며 두 역할을 모두 할 수 있는 시사보도, 즉 뉴스PD로 통합되는 추세다. PD를 꿈꾸면서 시사에도 관심이 많은 방송 지망생이라면 뉴스PD를 눈여겨봐야 할 이유다.

ON AIR

역사의 순간이
추억이 된다

'방송 뉴스의 꽃'은 특보다. 평소에도 뉴스는 방송사고 없이 잘 나가야 한다. 하지만 갑자기 생겨나는 속보나 특보는 미리 짜놓은 큐시트대로 진행하기 어려운 경우가 많다. 이럴 때 스태프들을 지휘하며 안정적으로 생방송을 이끄는 역할을 하는 사람이 뉴스PD다. 그러니 뉴스PD에게 위기 대처 능력은 꼭 필요한 덕목이고, 돌발 변수가 많은 특보는 뉴스PD의 역량을 시험할 절호의 기회인 셈이다.

지난 2018년 4.27 남북정상회담이 그랬다. 정상회담은 건국 이래 단 세 번째, 그것도 판문점이란 특별한 장소에서 벌어지는 역사적 이벤트인 만큼 변수도 정말 많았다. 대략의 큰 스케줄만 정해져 있을 뿐, 회담이 정확히 언제 끝날지, 회담 후 통상 행해지는 공동기

19

자회견을 열지 말지 등 많은 것이 결정 되지 않은 상태였다. 또 세간의 관심을 끈 리설주의 만찬 참석 여부도 막판까지 미지수였다.

사정이 이러니 한두 달 전부터 방송 준비를 철저히 했는데도 막상 회담 당일엔 물음표만 가득한 큐시트로 방송을 시작해야 했다. 한 치 앞을 내다볼 수 없는 팽팽한 긴장감이 흐르는 가운데, 뉴스 PD는 생방송 내내 현장 취재진과 통신하며 방송 순서를 조율하고, 탄력적으로 방송 분량을 조절해 나갔다.

이렇게 바짝 정신을 차려도 늘 복병은 튀어나오기 마련이다. 당시에는 '산책'이 문제였다. 원래는 남북정상이 도보다리를 잠깐 거니는 정도의 이벤트였는데, 갑자기 두 정상이 도보다리에 앉아 대화를 시작했다. 배석자도 없는 상태에서 독대가 무려 30여 분간이나 이어졌다. '금방 끝나겠지' 기다리며 주춤거리는 동안 시간은 속절없이 흘러갔고, 제작진은 그 긴 시간을 메우느라 진땀을 흘려야 했다.

결국엔 멀리서 카메라로 당겨 찍은 두 정상의 표정과 입 모양을 보면서 무슨 이야기를 나누는지 추정해 보는 초유의 사태도 벌어졌다. 이날의 일이 훗날 '도보다리 대화'라는 훈훈한 일화로 전해지지만, 당시 생방송 제작진에겐 입이 바짝바짝 마르고 등에 식은땀이 흐른 아찔한 기억으로 남아 있다. 그래도 역사의 순간을 단 1초도 놓치지 않고 시청자에게 방송했다는 자부심만큼은 영원히 남을 것이다.

축제가 치열한
일터가 되고

뉴스PD로 일하는 또 하나의 보람은 '역사의 현장'에 함께 할 수 있다는 것이다. 스포츠 경기나 정치 행사 등 현장에서 뉴스가 진행되는 경우엔 생생한 현지 열기 속에서 일을 하기도 한다. 그런데 아쉬운 것은 역사의 현장에 있긴 해도 일은 해야 한다는 것이다. 누군가에겐 축제의 현장이, 뉴스 방송 제작진에겐 치열한 전쟁터가 된다.

2002년 한일월드컵 당시 각 방송사는 경기가 벌어지는 도시마다 이동 스튜디오를 운영했었다. 전 국민의 관심이 쏠린 커다란 이벤트였으니, 경기 직후 배치되는 뉴스도 폭발적인 시청률을 기록할 때였다. 그래서 경기 직후엔 늘 그 방송사의 '메인뉴스'가 편성되었고, 경기가 끝나자마자 시청자를 붙잡기 위해 뉴스의 시작 시간을 앞당기는 경쟁을 벌였다. 경기 종료 후 주어지는 시간은 단 수십 초. 그 짧은 시간에, 그것도 수십 개에 달하는 리포트를 어떻게 만들어 냈을까?

비결은 따로 없다. 일을 몇 곱절 더 하는 것이다. 2002년 월드컵 때도 제작진은 '이길 경우' '질 경우' '비길 경우' 이렇게 모든 경우의 수를 대비해 방송을 준비했다. 그리고 경기 결과에 따라 필요 없어진 2개는 미련 없이 버리고 나머지 하나의 큐시트를 가지고 달렸다. 그나마 예측 가능한 경기는 유력한 큐시트 중심으로 준비를 하지만, 박빙의 승부일 경우엔 꼼짝없이 모든 경우의 수에 대비해야 했다. 평소보다 몇 배의 집중력과 노력이 필요했기 때문에 정작 월드컵 경기는 뒤통수로 경기 진행 소리만 들어도 감지덕지한 상황의 연속이었다.

특히 2002년 월드컵에선 한국 대 이탈리아전(戰)이 기억에 남는다. 연장전까지 1:1 무승부로 끝나가는 상황이라 체념한 채 '비길 경우'를 대비한 큐시트를 가지고 생방송 스탠바이를 하고 있었다. 그런데 경기장을 등지고 한참 원고를 챙기고 있다 보니, 갑자기 땅에 '쿵쿵쿵' 진동이 오기 시작했다. 흡사 지진의 전조 증상 같았다. 그러더니 아주 찰나의 시간 차이로 엄청난 함성소리가 목덜미를 덮쳐왔다. 순간 머리카락이 곤두서고 소름이 돋았다. 그리고 가슴에 먼저 '이겼다!'는 느낌이 왔다. '눈'이 아니라 '몸'이 먼저 경기 결과를 안 것이다. 안정환 선수의 골든골이 터지자 관중들이 동시에 환호하며 펄쩍 펄쩍 뛰는 울림이 땅을 울리고, 그 울림이 제작진의 가슴마저도 흔들었던 것이다.

하지만 승리의 환호를 지르며, 기쁨에 취해 있을 여유는 없었다. 바로 전쟁이 시작됐기 때문이다. 그때까지 준비하고 있던 '비길 경우'의 원고를 모두 집어 던지고, '이길 경우'로 태세를 전환해야 했다. 골든골 직후 몇 분 뒤, 바로 뉴스가 시작됐기 때문에 거의 전 스태프가 원고와 영상을 하나씩 들고 릴레이 하듯 뛰어다녀야 했다. 땀이 비 오듯 흘렀지만, 신기하게도 걸음은 가볍게 통통 튀며 하나도 힘들지 않았다. 뒤통수로 본 경기가 마치 진짜 내 눈 앞에 펼쳐진 듯 웃음이 새어 나올 뿐이었다. 현장에서 뉴스PD로 일하지 않았다면 결코 느낄 수 없는 진한 감동이었다.

ON AIR

뉴스PD는
고독한 결정맨

"아직인가요?"

"아뇨, 조금만요."

"5분도 안 남았어요."

"지금 확인됐습니다!"

급박하게 주고받은 이 문자는 뉴스PD와 작가가 생방송에 메신 저로 나눈 이야기다. 당시 아이템은 지리산에서 100년이나 된 산삼을 캔 등산객의 횡재 이야기였다. 산삼 감정가만 1억 원이 넘는다니, 신기하고도 재밌는 뉴스라 즐겁게 방송이 흘러갔다.

그런데 맨 마지막 대담에서 문제가 생겼다. 허가 없이 산에서 나물이나 약초를 채취하면 위법이 될 수 있다는 내용을 변호사가 설명하는데, '관련법이 며칠 전에 바뀐 거 같다'는 제보가 들어왔다. 잘못된 정보를 방송할 가능성이 있는 것이다.

생방송 종료까지 남은 시간은 단 10여 분. 즉시 담당 작가에게 상황을 알리고 확인 작업에 들어갔다. 그런데 인터넷 기사를 찾아봐도 저마다 내용이 조금씩 달랐다. 아직 법 개정이 업데이트가 안 된 것 같았다. 서둘러 국가법령정보센터 홈페이지에 들어가서 내용을 확인하려 했지만, 마음이 급하다 보니 그마저도 쉽지 않았다.

이때 뉴스PD는 고민에 빠진다. 그냥 방송을 마무리하고 내일 정정할 것인가, 아니면 끝까지 포기하지 않을 것인가. 뉴스PD라면 당연히 후자를 택해야 한다. 생방송 시간은 되돌릴 수 없으니까. 그래서 포기하지 않고 산림청에까지 전화를 걸었다. 담당자를 찾아 확인해보니 실제로 관련법이 며칠 전에 개정돼 식물 불법 채취 처벌이 더 강화됐다고 한다. 생방송 종료 직전 간신히 개정된 내용을 정정 방송하면서 극적인 마무리를 한 날이 됐다.

생방송 중엔 뜻하지 않은 위기를 맞기도 한다. 한번은 과거에 일어난 한 살인사건을 방송하는데 피해자 유가족으로부터 연락이 왔다. 상당히 유명했던 일이라 발생 당시에도 언론에 많이 노출됐던 사건이었다. 이제 다시 방송을 보고 있자니 옛일이 다시 생각나 너무 힘들다는 것이다. 사전 취재에 꽤 공을 들였는데도 돌발 상황이 생긴 것이다. 고민이 깊었다. 아직 생방송 시간은 10분 넘게 남아 있는 상황. 하지만 단 한 사람이라도 또다시 피해를 떠올리게 할 순 없었다. 앵커에게 토크백으로 "애드리브(즉흥)로 다른 사건을 진행하자" 양해를 구한 후 지체 없이 그 아이템을 중단했다. 비록 짜임새는 좀 떨어졌지만, 그 결정에 모든 제작진이 동의한 후 일사불란하게 움직여 무사히 방송을 마칠 수 있었다.

뉴스PD는 매일 수많은 '결정'의 순간을 맞는다. 간혹 취재원이 방송을 '한다', '안 한다' 말을 바꿔가며 애를 태울 때면 과감하게 '아이템 킬하자(포기하자)' 결단을 내려서 제작진을 혼돈에서 구해야 한다. 또 논란이 된 유명인의 신상을 공개할지 안 할지 판단을 내리고, '삽화 배경은 무엇을 할지' '자막 색상은 어떻게 좋은지' 방송 전 물어오는 수십 개의 질문에 '결정'을 내리는 것이 뉴스PD의 일이다.

물론 여기저기서 '어서 빨리 결정하라'는 압박을 받을 때면, 총알이 빗발치는 전쟁터에 오도카니 혼자 앉아 있는 것 같은 두려움도 느낀다. 하지만 뉴스PD가 책임지고 결정을 내려줘야만 제작진이 흔들림 없이 움직일 수 있다. 비록 뉴스PD는 '고독한 결정맨'이지만, 결단을 두려워해서는 안 되는 이유가 그곳에 있다.

밥은 먹고 다니냐?

"밥은 먹고 다니냐?"

영화 '살인의 추억'에서 형사 송강호가 용의자 박해일을 쫓다 던진 말이다. 추격전을 벌이다가도 툭 던지는 이 인사가, 뉴스PD에겐 참 머쓱한 상황이 될 때가 많다. 끼니 챙기는 게 어떨 땐 방송보다 더 어려운 일이기 때문이다.

드라마나 영화에 나오는 방송국 사람들은 참 자유분방하다. 아무 때나 회사를 벗어나 돌아다니고, 사람들도 시도 때도 없이 만난다. 물론 일주일에 한 번, 또는 월간이나 연중기획 프로그램 같은 경우엔 업무 강약이 있으니 가능하다. 그러나 뉴스처럼 매일 같은 시각에 반드시 타이틀을 돌려야하는 생방송 PD에게 그런 여유는 사치다.

뉴스PD의 업무 스타일을 설명하라면 은행원과 방송인 그 중간 어디쯤이라고 말하고 싶다. 뉴스의 생명은 팩트와 신속성이다. 매일 오차 없이 방송하려면 제작진은 촘촘한 사전 작업을 해야 한다.

그래서 일단 준비를 일찍 시작해야 한다. 오후 1시 생방송을 담당하는 나의 경우도 새벽 6시 반이면 회사에 출근을 한다. 그때부터 꼼짝없이 자리에 앉아 밤사이 쏟아진 기사들을 읽고 작가들이 발제한 아이템을 살펴본다.

회의는 오전 8시 반에 한다. 물론 더 일찍 할 수도 있지만 마음이 급하다고 되는 일이 아니다. 오후 1시 방송이니 어제 뉴스에 당일 오전 뉴스까지 업데이트를 해야 한다. 그런데 당일 뉴스는 정치인이고 검찰, 경찰이고 모두 일과가 시작된 이후에야 들어오기 시작한다. 그 시작 시각이 대략 오전 9시다. 그러니 오전 회의에선 대략적인 얼개만 짜놓고 9시부터 본격적으로 들어오는 새로운 뉴스를 계속 업데이트하며 그날 방송을 준비한다.

뉴스를 신속하게 방송하는 것만큼이나 중요한 것이 팩트 체크다. 최근엔 가짜 뉴스가 여기저기 섞여 들어오기 때문에 반드시 사실 여부를 확인해야 한다. 그중 가장 까다로운 작업이 수사 관련 내용을 알아보는 것이다. 피의사실공표가 금지 돼 있는 만큼 검찰이나 경찰로부터 시원한 답을 듣지 못할 가능성이 더 크지만 포기하지 않고 여러 루트로 거듭 확인을 해야 한다. 어떨 땐 오전 9시에 시작한 확인 작업이 방송 때까지 안 끝나는 경우도 있다. 그렇다면 아쉬워도 그 아이템은 미련 없이 포기해야 한다.

팩트 체크와 동시에 뉴스PD가 챙겨야 할 것은 무궁무진하다. 그날 사용할 자료영상과 과거 인터뷰 등을 찾아 편집을 지시하고, 그림이 없다면 삽화나 그래픽을 의뢰해야 한다. 또 각종 여론조사나 수치가 들어간 도표는 CG로 제작해 시청자가 이해하기 쉽도록 제시해야 한다. 여기에 광고나 방송 중에 화면 좌우측에 표시될 소제목들도 다 PD가 뽑아서 제작을 한다. 이 일들이 모두 생방송에 그대로 쓰일 것이니, 하나라도 오류가 난다면 바로 방송사고와 직격된다. 비록 쳇바퀴 돌 듯 반복되는 일상이라도 단 한순간도 방심하면 안 되는 이유다.

그래도 가쁘게라도 하루가 무사히 마무리되면 운이 좋은 날이다. 진짜 운수 없는 날을 맞게 되면 애써 준비한 방송을 모두 날리는 경우가 있다. 가령 편성에 없던 특집방송이 생길 때가 그렇다. '특집방송'은 말 그대로 천재지변이나 유명인의 사망 등 예상치 못한 일로 뉴스가 긴급 편성 되는 것이다. 기존에 아침부터 준비한 모든 아이템은 소용이 없어진다. 대신 특집방송의 의미가 큰 만큼 할 일이 많아진다. 출연진부터 스튜디오와 세트, CG, 자막까지 짧은 시간 안에 새로운 방송 하나를 뚝딱 만들기 위해 체크하고 협의해야 할 일들이 넘쳐 난다.

그런데 이런 날은 꼭 일도 꼬인다. 급히 섭외 전화를 돌린 출연자들은 모두 스케줄이 안 되거나, 간신히 섭외된 출연자는 추모 방송에 노란 셔츠를 입고 등장해 PD를 아찔하게 만든다. 스튜디오에선 잘 있던 PDP가 갑자기 고장이 나서 오늘은 없다는 청천벽력이 떨어진다. 여기에 평소 일 잘하던 스태프가 오늘따라 결정적인 실수를 했다며 고개를 숙이기도 한다. 말 그대로 동시다발 총체적 난국이 벌어지는 것이다.

이렇게 일이 꼬이는 날에는 방법이 없다. 아무리 마음이 급해도 잠시 책상을 떠나 생각을 정리해야 한다. 'PDP가 없으면 다른 세트를 쓰면 되지' '의상실에 셔츠와 검은 넥타이가 있을 거야' 등 해법을 찾는 것이 뉴스PD의 역할이다. 이런 우여곡절을 극복하고 특집방송을 잘 마무리 지었을 때 앞서 꼬였던 모든 문제들이 한 순간에 풀릴 것을 알기 때문이다.

새벽 6시 반에 시작된 뉴스PD의 전쟁은 오후 3~4시가 되서야 끝이 난다. '내가 오늘 몇 시에 뭐했더라?' 기억조차 못 할 만큼 총알이 빗발치는 전쟁터를 뛰어다닌 기분이다. 그 치열한 시간 동안 밥은 고사하고 느긋하게 커피 한 잔 마실 시간도 끼어들 틈이 없다. 너무 허기져 앉은 자리에서 김밥을 우겨 넣거나 당이 떨어져 믹스커피를 원샷하며 버텨낸 하루지만, 오늘도 무사히 타이틀을 돌렸다는 자부심에 가슴이 뿌듯해지는 것이 뉴스PD의 근성이다.

2장

뉴스를 함께
만드는 사람들

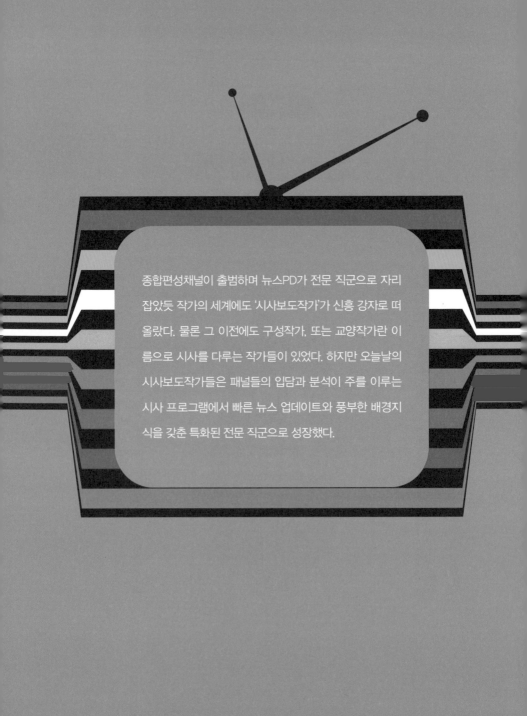

종합편성채널이 출범하며 뉴스PD가 전문 직군으로 자리 잡았듯 작가의 세계에도 '시사보도작가'가 신흥 강자로 떠올랐다. 물론 그 이전에도 구성작가, 또는 교양작가란 이름으로 시사를 다루는 작가들이 있었다. 하지만 오늘날의 시사보도작가들은 패널들의 입담과 분석이 주를 이루는 시사 프로그램에서 빠른 뉴스 업데이트와 풍부한 배경지식을 갖춘 특화된 전문 직군으로 성장했다.

ON AIR

방송의 승부사
시사보도작가

방송에선 '1초 빠른 섭외가 시청률을 좌우 한다'는 말이 있다. 실제로 시사보도작가의 감탄스런 특기를 들라면 뛰어난 섭외력을 들곤 한다.

남북정상회담처럼 빅 이벤트를 한 번 예를 들어보자. 정상회담의 경우 경호 등의 문제 때문에 'POOL(공동취재단)'이 꾸려져 운영된다. 그래서 거의 모든 방송사가 똑같은 현장 그림을 사용해야 한다. 또 결국 같은 행사를 보도하는 것이기 때문에 회담장에서 취재하는 기자들로부터 얻는 정보도 대동소이하다. 결국 영상과 기사로는 차별화가 어렵다는 말이다.

그렇다고 시청자가 우리 프로그램을 선택해 주기만을 손 놓고 기다릴 수는 없다. 제한된 상황이지만 색다른 내용으로 시청자의 시선을 사로잡아야 한다.

이럴 때 우리의 시사보도작가들이 섭외 신공을 발휘한다. 시청자의 리모컨을 붙잡는 가장 좋은 방법 중 하나가 좋은 패널(전문가)을 섭외하는 것이기 때문이다. 같은 현장 그림이지만 입담 좋은 전문가가 경험과 학식을 바탕으로 재밌게 설명해 준다면 시청자는 홀린 듯 집중하는 경우가 많다. 마치 월드컵 경기를 명쾌한 해설과 함께 시청하면 더 신나는 것과 마찬가지다.

때문에 시사보도작가들은 남북정상회담 같은 중요한 일정이 잡히면 그 즉시 '섭외 전쟁'에 돌입한다. 즉각 전화기부터 들고 사전에 작성해 놓은 전문가 리스트대로 전화를 돌린다. 수십 개 방송사에서 동시에 섭외를 하니 결국 단 몇 초라도 먼저 패널과 통화가 연결되는 팀이 섭외에 성공하기 때문이다.

아니면 아예 일정이 결정되기 전에 "곧 날짜가 잡힐 테니 그러면 우리 프로그램에 나와 달라"며 사전 섭외를 걸어 놓는다. 이는 시사보도작가들이 패널들과 꾸준하게 쌓아온 신뢰가 있기 때문에 가능한 일이다. 의사와 환자 사이에 맺어진다는 라포(rapport, 친밀함)가 작가와 출연자 사이에도 형성되는 것이다.

이렇게 섭외가 결정되면 다음은 패널들의 다른 방송 스케줄, 이동거리, 분장 시간까지 계산해 스탠바이 시간을 잡는다. 치밀하게 스케줄 관리를 하는 모습을 보고 있자면 작가라기보단 한류스타 매니저 같은 느낌이 들 때도 있다.

그런가 하면 귀신도 놀랄 섭외력을 발휘해서 "대체 저런 사람은 어디서 찾은 걸까?" 싶은 희귀한 출연자를 섭외할 때도 있다. 아주 오래전 큰 사건에 연루되었거나, 특이한 직업을 가진 사람, 또는 아무도 모르게 산속에 은둔하고 있던 자연인이 불쑥 카메라 앞에 모습을 드러낸다. 시청자가 보기엔 마냥 신기한 일이겠지만 이 역시도 시사보도작가의 섭외력이 이룬 성과인 경우가 많다.

과거엔 인터넷도 휴대전화도 변변찮아 전화번호 하나 따는 게 쉽지 않았다. 그래서 작가들이 흔히 쓰는 방법 중 하나가 '이웃 찬스'였다. 섭외 대상자가 사는 동네 부동산이나 중국집에 전화를 걸어 '무슨 무슨 가게 전화번호 좀 알려 달라'던가 '모 사장님께 연락 달라고 전해주세요'라고 부탁하면 신통하게 섭외가 되곤 했다. 방송국이 몇 개 없던 시절이라 방송국서 전화가 왔다고 하면 호기심이 생겨 가능했던 일이다.

그러나 요즘은 인터넷이 해결사다. 만약 섭외하고 싶은 사람의 이름과 직함만 안다면 좀 수월하게 찾아낼 수 있다. 인터넷 뒤지기로는 선수급인 시사보도작가들은 '이름 + 인적사항'을 검색어로 섭외하고 싶은 사람 연락처나 SNS를 찾아낸다. 아니면 전문가가 과거 기고했던 학술지나 가족의 부음 기사까지 찾아내 당사자가 아니라면 지인이라도 접촉해 반드시 섭외에 성공한다.

제일 까다로운 것은 사건 프로그램이다. 오래전 일어난 사건일수록 피해자나 당시 담당 경찰을 찾는 것이 쉽지 않고, 이젠 사건과 거리를 두고 조용히 지내고 싶어 하는 경우가 많아 최근 연락처를 알아내기가 힘들다. 이럴 땐 인터넷 곳곳에 남아 있는 수배전단이나 플래카드 사진이 큰 도움이 된다. 수배전단에는 형사의 전화번호가, 목격자를 찾는 플래카드에는 피해자 측 연락처가 남아 있는 경우가 많기 때문이다. 이런 귀신같은 실력으로 섭외 당사자들과 통화가 연결되면, 상대편에서 '어떻게 나를 찾았냐'며 놀라워할 때가 종종 있다.

시사보도작가의 신통방통한 섭외력은 바다 건너에까지 미치기도 한다. 생방송을 진행하다 보면 해외 속보가 들어오는 경우가 있다. 한번은 미국에서 총격이 벌어져 한인 여러 명이 희생당한 일이 있었다. 긴급 속보로 처리해야 했지만. 해외 발생 사건이라 사실 확인에 시간이 걸려 애를 먹었다.

물론 사건 발생지역에 특파원이 있다면 상황이 좀 쉽다. 먼저 특파원을 연결 해 그 나라 뉴스에 나오는 속보 자막을 읽어주며 1보를 처리하면, 그 사이에 국내 기자들이 외교부를 추가 취재해 구체적인 내용을 보강하면 된다.

문제는 특파원이 없는 경우다. 또 어떨 땐 사건이 너무 커서 특파원 한 명이 다 내용을 전달하기 힘들 때도 있다. 이럴 때 우리 시사보도작가들이 또 활약한다. 특파원만큼이나 사건을 잘 전달해줄 현지인을 찾아내는 것이다. 가장 유력한 후보는 한인회장들이다. 기자는 아니지만 교민 사회에 발이 넓어 자발적으로 여기저기 전화를 돌려 현지 분위기를 취합해 들려주곤 한다. 과거 김정남 암살 사건 때는 급히 찾은 전직 한인회장이 식당에서 직접 만난 김정남의 모습을 생생히 증언해 관심을 끈 적도 있었다. 이런 사람들을 찾아내는 일을 바다 건너에서 작가들이 해내는 것이다.

하지만 매번 이렇게 운이 좋은 건 아니다. 해외 사건은 대부분 한국 새벽 시간에 벌어질 때가 많고, 그때 한인회를 찾아 단번에 연결하기란 쉽지 않기 때문이다. 그럴 때 이번엔 '지인 찬스'를 발동한다. 작가들은 백방으로 이민 간 친척이나 유학 간 친구 등 아는 인맥을 총동원해 '전화연결 해 줄 사람 없느냐' 수소문한다.

이렇게 기를 쓰고 섭외를 하는데도 잘 안 풀리는 날이 있다. 하지만 외통수에 갇혔다 생각될 때 의외의 곳에서 도움의 손길이 뻗어올 때가 있다.

2015년 프랑스 파리에서 동시다발 테러가 발생했을 때다. 새벽에 뉴스를 준비하는데 갑자기 '파리 시내에서 테러가 일어났다'는 짤막한 외신 속보가 들어왔다. 한 줄도 다 못 채운 이 짧은 문장으로 시작한 사건은 단 몇 시간 만에 수백 명이 사상한 최악의 테러로 커져 갔다. 정신없이 속보를 처리하면서 현지 소식통을 찾아 헤맸다. 하지만 생각보다 프랑스어를 잘하는 한인을 찾기 힘들었다. 그때 부조종실로 다른 프로그램 제작진이 전화를 걸어 왔다. 남편이 파리에 연수를 가 있는데 간단하게 현재 상황을 설명해 줄 수 있다는 것이다. 집에서 뉴스를 보는데 아무리 기다려도 현지 연결이 안 나오는 걸 보니 '적당한 사람을 못 찾았구나' 싶어 대신 섭외를 해 주는 거란다. 남편에겐 '방송 연결을 할 테니 현지 뉴스를 잘 챙겨보고 있으라'고 사전 준비까지 시켰다니, 정말 야무진 지원군이었다. 덕분에 그날 속보는 생생한 현지 소식까지 더해 성공적으로 마무리할 수 있었다. 바다 건너 목격자는 생각보다 가까이 있었다.

ON AIR

잘 들어 주는 사람
앵커

　방송 지망생들이 관심 있어 하는 직업 중 하나가 앵커다. 시사보도프로그램에서 앵커만큼 분위기와 패널 그리고 시청률까지 모든 분야에 압도적인 존재감을 보이는 존재도 없다. 결국 앵커가 어떤 역량을 발휘해 주는가가 프로그램 성패에 관건이 되는 것이다.

　프로그램이 성공하려면 앵커에게 꼭 필요한 덕목이 있다. 바로 '경청(傾聽)하는 자세'다. 사건 프로그램의 앵커를 예를 들어보자. 대부분의 사건 프로그램엔 범죄수사 관련 전문가들이 출연한다. 주로 사건 현장에서 20~30년씩 활약한 베테랑들이 많지만, 방송에 있어서는 말 그대로 '왕초보'이기 때문에 당연히 긴장하기 마련이다. 방송 전 소위 '분장실 토크'에선 배꼽 빠지게 재미난 무용담을 늘어

놓던 사람도 생방송 큐 사인만 떨어지면 순간 '얼음'이 된다. 이러면 방송이 제대로 안 풀리고, 애써 출연자를 섭외한 제작진도 속이 바짝바짝 타들어가기 마련이다.

이럴 때 앵커가 활약해 줘야 한다. 일단 원고는 접어두고 출연자가 가장 쉽게 이야기할 수 있는 개인적인 경험담부터 물어본다. 가령 전직 강력계 형사라면 "범인 잡다 많이 다치시겠어요?" 같은 질문이다. 그러면 출연자가 자신의 무용담을 이야기하다 서서히 입이 풀리는 것을 느낄 수 있다. 이럴 때 적절한 타이밍을 잡아서 원래 준비했던 원고 방향으로 이끄는 것이 노련한 앵커가 할 수 있는 일이다.

출연자의 긴장을 푸는 앵커의 노하우 중 하나는 '잘 하고 있어요!'라는 응원을 보내는 것이다. 물론 방송 중에 주먹 불끈 쥐고 '파이팅!'이라고 외치진 않는다. 대신 출연자와 따스하게 눈을 맞추고 자연스럽게 고개를 끄덕여 주는 리액션(반응)을 보여준다. '당신 말을 잘 듣고 있으니 힘내요'라는 신호를 보내는 것이다.

좋은 앵커의 덕목 중 하나가 바로 이렇게 '잘 듣는 것'이다. 가만히 있어도 들리는 말인데 어려울 것 뭐 있나 싶겠지만, 생방송 중엔 이 '잘 듣는 것'이 생각보다 쉽지 않다. 앵커는 출연자가 적절한 답을 하는지, 다음 질문은 뭘 할지 단 몇 초 만에 판단해야 한다. 또 출연자가 방송에 부적합한 어휘를 구사하는지도 노심초사 지켜봐야 한다. 카메라가 쉴 새 없이 비추고 있으니 마음 놓고 대본만 들여다볼 수도 없다. 우아한 백조가 물 밑에서 필사의 갈퀴질을 하듯 앵커는 홀로 외로운 싸움을 벌여야 한다.

아무리 힘들고 상황이 나빠도 앵커는 계속해서 잘 듣고 있다는 신호를 출연자에게 보내야 한다. 그래야만 출연자가 안심하고 알고 있던 전문지식을 더 많이 쏟아낼 수 있고, 그만큼 풍부한 내용의 방송이 만들어지기 때문이다. 발음 좋고 말 잘하는 앵커도 중요하지만, 제작진에겐 '잘 듣는 앵커'가 누구보다 소중한 이유다.

리허설은
앵커의 힘!

짧지 않은 시간 동안 많은 뉴스앵커들을 겪으며 깨달은 것이 하나 있다. 좋은 앵커는 참 성실하다는 것이다. '연륜 있는 앵커는 리허설을 안 해도 잘하겠지' 넘겨짚을 수 있겠지만, 대중이 볼 때 능숙해 보이는 앵커일수록 그 뒤엔 더 철저한 연습이 숨어 있었다. 수십 년을 카메라 앞에 선 앵커들도 조금이라도 새로운 구성을 진행해야 할 때는 반드시 리허설을 한다.

개표방송을 준비하는 방송국 풍경을 보면 그들이 얼마나 성실하게 리허설에 임하는지 알 수 있다. 개표방송 때는 보통 그 방송국이 개발한 가장 최신의 IT 기술을 첫선을 보일 때가 많다. 하지만 아무래도 처음 구현하는 기술인만큼 제작진에게도 낯설고 오류도 많기 마련이다. 이럴 때는 리허설을 반복하는 것만이 답이다. 기술팀, 제작진, 앵커 모두가 자다가도 벌떡 일어나서도 그 기술을 시연할 수 있도록 연습 또 연습을 해야 한다.

그런데 문제는 충분히 리허설을 할 공간과 시간적 여유가 없다는 것이다. 개표방송처럼 중요한 이벤트는 대부분 그 방송국의 간판 앵커들이 총출동하고, 스튜디오도 가장 크고 시설이 좋은 메인 스튜디오가 주 무대가 된다. 그런데 이들은 평소에도 늘 스케줄이 빡빡하고, 스튜디오도 빈 시간 없이 방송과 녹화가 돌아가기 마련이다. 그렇다고 리허설을 허투루 할 수도 없는 법. 일단 출연자가 필요 없는 기술 리허설은 짬짬이 끼어 들어가 세팅해 놓고, 앵커 동선과 카메라 샷은 체격이 비슷한 제작진이 대역으로 미리 맞춰 놓는다.

그리고 D-데이가 임박하면 앵커의 실전 연습이 시작된다. 직접 카메라 앞에서 신기술을 시연해야 하니 능숙하게 기계를 다루는 연습부터 한다. 또 가장 중요한 돌발 상황 리허설도 하는데, 이때는 '기계가 멈출 경우' '개표 데이터가 늦을 경우' '중계가 끊길 경우' 등 발생할 수 있는 모든 돌발 상황을 가상 시나리오로 꾸며 리허설을 한다. 임기응변 대응 연습을 해 본 사람과 그렇지 않은 사람은 실전에서 확연히 차이가 나기 때문이다.

결전의 날이 다가올수록 방송국의 불은 24시간 꺼질 줄을 모른다. 베테랑 앵커일수록 몇 번의 리허설을 거듭해도 '아직 모자라다'

말하고 더 철저히 반복 연습하길 원한다. 그 성실함이 굳이 말로 하
지 않아도 시청자의 신뢰를 얻는 원동력이 되는 것이다.

ON AIR

앵커의 멘트는
누가 쓰나요?

한 아나운서 출신 정치인이 라디오 프로그램에 나와 "뉴스의 오프닝멘트는 작가나 취재기자가 쓰기도 한다"고 하자, 대담을 나누던 앵커가 "저는 제가 쓴다"고 답을 해 화제가 된 적이 있다. 당시 라디오를 듣다가 의외의 곳에서 시청자가 궁금해 할 이야기가 나왔다는 생각이 들었다. 바로 '뉴스앵커의 멘트는 누가 쓰는가?' 하는 것이다.

리포트의 앵커 멘트는 기본적으로 취재기자가 쓴다. 15~30초로 리포트의 핵심 내용을 설명해야 하는데 그걸 가장 잘 아는 사람이 직접 취재한 기자이기 때문이다. 하지만 그 멘트가 그대로 방송되는 건 아니다. 담당 데스크가 2차로 다듬고, 이것을 앵커가 다시한번 직접 손본다. 이 과정에서 앵커는 수시로 취재기자에게 내용을 물어보고, 때로는 앵커 멘트 전체를 수정하기도 한다. 그러니 아무리 많은 사람의 손을 거쳐도 앵커 멘트의 주인은 최종적으로 말을 전달하는 앵커라 할 수 있다.

앵커 멘트에 관한 또 하나의 궁금증은 '그 긴말을 다 외워서 하느냐' 하는 것이다. 물론 외우는 앵커들도 있지만, 꼭 그렇게 하지 않아도 된다. 이제는 시청자들도 잘 아는 '프롬프터(prompter)'라는 장비가 있기 때문이다. 이 프롬프터를 카메라에 장착하면 렌즈 앞 모니터에 글씨가 뜬다. 그걸 보고 읽기만 하면 눈의 초점도 흐트러지지 않고 자연스러운 진행이 가능해지는 것이다. 상당히 편리한 기계지만 너무 맹신했다간 낭패를 볼 수도 있다. 프롬프터에 글씨가 올라가는 속도가 앵커의 말 속도와 달라서 엇박자가 나거나, 리포트 순서가 꼬여서 엉뚱한 앵커 멘트가 모니터에 쓰면 속칭 '멘붕'에 빠지게 된다. 그래서 앵커들은 프롬프터가 있어도 원고는 종이로 출력해서 가지고 있으면서 만약을 대비한다.

그러고 보니 프롬프터하면 기억나는 앵커가 있다. 한 공중파 방송국에서 일할 때였다. A와 B앵커가 있었는데, 어느 날 A앵커가 B앵커에게 본인이 손본 멘트는 건드리지 말라고 요구했다. B앵커가 뒤 시간대라서 A앵커가 쓴 멘트를 앵무새처럼 반복해야 하는데도 말이다. 화가 날 상황이었지만 B앵커는 선선히 "알겠다" 말하더니, 머릿속으로 즉석에서 멘트를 고쳐가며 뉴스를 진행했다. 프롬프터에는 A앵커의 멘트가 떠 있는 상황이라 즉석에서 고쳐 읽느라 상당히 헷갈렸을 텐데도 B앵커는 작은 실수 하나 없이 방송을 이어갔다. 방송가는 이렇게 환경을 탓하지 않는 고수들이 곳곳에 숨어 있는 재미있는 곳이기도 하다.

ON AIR

앵커도
미스터트롯처럼?

보도국에서 일한다고 하면 자주 듣는 질문 중 하나가 "앵커는 어떻게 뽑느냐"라는 것이다. 제작진이야 개편 때마다 치르는 행사이니 평범하게 생각했는데, 시청자가 볼 때는 '어디서 저런 사람이 어디서 갑자기 튀어나왔나' 싶은 모양이다. 특히 메인뉴스의 앵커는 그 방송국의 얼굴이다 보니 새로운 인물이 등장할 때마다 관심과 궁금증이 폭발한다.

시청률에 영향을 줄 유명인이 앵커나 진행자로 기용되는 일도 있지만, 가장 보편적인 방법은 사내 오디션을 통해 선발하는 것이다. 물론 '미스터트롯'처럼 대단한 오디션은 아닐지라도 앵커 오디션도 실전을 방불케 하는 불꽃 경쟁이 벌어진다. 일단 세트와 조명을 실제 뉴스와 똑같이 세팅한다. 그리고 아나운서나 기자 중 앵커를 희망하는 사람은 헤어, 메이크업, 의상까지 실제 방송처럼 꾸미고 원고를 읽는다, 마치 진짜 뉴스가 방송되는 것처럼. 그럼 이 모습을 그대로 녹화한 후 부장 이상 임원진이 다 함께 시사를 하고, 최종 합격자를 가리는 것이다. 이때는 앵커의 발음과 시선 처리, 자연스러운 표정 등 다양한 항목을 체크하는데, 그중 같이 진행하는 파트너와의 일명 '케미(조화)'도 큰 채점 항목이 된다.

앵커로 선발돼도 시험은 끝나지 않는다. 앵커에게 주어진 임무 중 하나는 기자 리포트를 단 15~30초 내외의 간결한 멘트로 설명하거나 부족한 내용을 보강해 주는 것이다. 이를 위해 앵커들은 하루 몇 차례씩 열리는 편집회의에 꼭 참석해서 취재부서의 리포트 방향을 경청하고, 방송 시작 전까지 바뀌는 내용은 없는지 하루종일 기사를 예의주시해야 한다.

또 앵커는 언제나 균형 잡힌 시선으로 사안을 판단하고, 매사 가볍지 않은 언행을 해야 하는 등 견뎌야 할 무게가 만만치 않은 자리다. 방송이 끝나도 언제나 방송 중인 것처럼 긴장감을 유지하는 근성도 앵커에게 필요한 자질이다.

힘내요, 날씨천사!
기상캐스터

무더위가 기승을 부리거나 동장군이 기세를 떨칠 때면 누구보다 긴장하는 사람이 있다. 바로 기상캐스터들이다. 그들이 매일 뉴스의 끝자락에 전해주는 날씨 정보가 시청자의 일상생활에 지대한 영향을 미치기 때문이다. "오늘 소나기가 내릴 예정이다"라고 하면 사람들은 종일 귀찮을 것을 감수하고 우산을 챙겨 든다. 또 "이번 주말엔 폭설이 내릴 거다"라고 예보를 하면 나들이를 포기하고 '집콕' 모드에 돌입한다. 지루한 찜통더위가 계속되거나 애타는 가뭄이 이어질 때면 "언제 더위가 한풀 꺾이려나" "단비 소식은 언제쯤 들리려나" 기대를 품고 바라보는 시청자들의 시선 때문에 기상캐스터들의 어깨가 더욱 무거워진다.

TV에 비치는 모습 때문에 외모만 신경 쓴다는 오해를 받기도 하지만, 사실 기상캐스터는 방송가에서도 독보적인 전문 직종이다. 기상청에서는 오전 5시와 11시, 오후 5시 이렇게 세 차례 정기 예보가 나온다. 전국 모든 방송사 기상캐스터들이 똑같은 예보를 받아 들게 되는 것이다. 그러면 그때부터 기상캐스터 간에 치열한 두뇌싸움이 시작된다. 뉴스에서 일기예보에 주어지는 시간은 단 1분 남짓. 이 짧은 시간 안에 어떻게 하면 차별화된 구성으로 정확하고 알기 쉽게 예보를 전달할 수 있을까 깊은 고민이 계속된다.

분량은 짧더라도 시청자들이 집중할 수 있도록 원고를 쓰고 그래픽을 구성하는 것도 기상캐스터의 몫이다. 만약 필요한 소품이나 특별한 의상이 있다면 사전에 직접 준비하는 치밀함도 있어야 한다. 특히 "열사병 응급조치는 이렇게 하라" "무더위에 왕성히 활동하는 말벌은 이렇게 피하라" 등 시청자에게 도움이 될 만한 정보를 미리 조사해 놓고 날씨와 매치시켜 전달하는 센스도 갖춰야 한다.

기상캐스터의 활약을 이야기하자니, 전에 같이 일했던 열혈 기상캐스터가 생각난다. 한 공중파 방송의 아침뉴스에서 있었던 일이다. 당시 아침뉴스엔 거의 30분 단위로 계속 날씨 코너가 배치돼 기상캐스터의 역할이 상당히 중요했었다. 그녀는 1분짜리 날씨 정보를 하루 3~4차례 반복하면서도 지루하지 않게 멘트를 변주하는 감각이 뛰어났고, PD가 생방송 중에 "20초만 줄여 달라"면 멘트를 딱

40초 안에 응축해 전달하는 순발력까지 갖춘 기상캐스터였다.

그런데 어느 날 그녀가 생방송에 지각하는 소동이 있었다. 평소라면 절대 그러지 않았을 사람인데 당시 몸이 안 좋아 알람 소리를 듣지 못했다고 한다. 화들짝 놀라 일어난 시계를 보니 아무리 빨리 달려와도 방송 준비할 시간이 모자란 시각이었단다.

여기서 그녀는 아주 과감한 선택을 했다. 용감하게 분장을 포기하고 대신 달리는 택시 안에서 날씨 정보를 챙겨서 첫 날씨 코너에 속칭 '생얼'로 등장했다. 비록 집에서 입던 후줄근한 티셔츠에 눈썹도 안 그린 민숭민숭한 얼굴이지만 날씨만큼은 야무지게 전달한 그녀는, 이후 30분 간격으로 TV에 등장할 때마다 조금씩 분장을 더하고 의상을 바꿔 입으며 결국 마지막 코너에선 완벽한 기상캐스터의 모습으로 변신했다. 시청자는 그날 기상캐스터가 벌이는 뜻밖의 분장쇼를 즐길 수 있었을 것이다.

사실 "첫 방송은 못 하겠다"고 했어도 1분 정도는 PD가 어떻게든 대처를 했을 것이다. 그러나 그녀는 날씨를 기다리는 시청자를 위해 외모를 포기하는 용기 있는 선택을 한 것이다. 이후 기상캐스터를 그만두고 요즘은 예능 프로그램에서 활약하는 그녀를 보며, 책임감 강하고 당차던 그 모습이 떠올라 응원하게 된다.

간혹 드라마나 영화에서 기상캐스터를 외모에만 신경 쓰거나 조금 가벼운 모습으로 잘 못 묘사하는 경우가 있다. 아마 1분 안팎의 짧은 시간으로는 그들의 능력을 다 보여주기 힘들어서 생기는 오해인 듯하다. 하지만 현장에서 만나는 그들은 외모 지적에 시달려도 꿋꿋이 날씨 원고에 집중하고, 퇴근했다가도 방송에 작은 문제라도 생기면 두말하지 않고 달려오는 진정성 있는 방송인들이다. 단 1분의 방송을 위해 하루를 사는 성실함, 그것이 기상캐스터의 진가(眞價)인 것이다.

생방송 지각생의 구세주
보도분장팀

뉴스프로그램을 완성하는 숨은 공신(功臣)을 꼽으라면 분장팀을 빼놓을 수 없다. 뉴스 분장은 특수분장과 달리 과하지 않은 화장과 정갈한 머리 모양이 기본이다. 특수분장에 비해선 짧은 시간이 걸리지만, 문제는 한 번씩 지각생이 발생한다는 것이다. 시위 때문에 차가 막히거나 앞에 있던 일정이 늘어지는 등 다양한 이유로 출연자들이 생방송 시간에 늦는다. 그러면 작가는 입이 바짝바짝 마르고, PD와 앵커는 제시간에 나타나지 않는 출연자 때문에 한껏 예민해진다. 이럴 땐 시간은 왜 그렇게도 빨리 흐르는지, 1분이 1초처럼 휙휙 지나간다.

지각생의 발생으로 제작팀이 대혼란에 빠져 있을 때, 분장팀은 침착하게 전투태세를 갖춘다. 분장도구를 챙겨 스튜디오 앞에 대기하고 있다가 헐레벌떡 뛰어온 출연자가 마이크를 옷에 장착하는 그 짧은 시간 동안 순식간에 분장을 마친다. 물론 정식분장은 아니다. 그러나 뛰어와 헝클어진 머리, 초조함이 묻어나는 번들거리는 얼굴은 어느 정도 응급처치가 가능하다. 추레한 행색으로 카메라 앞에 나타날까 노심초사한 제작진에게 보도분장팀은 구세주나 다름 없다.

'그 잠깐 분장이 뭐 그리 대단하냐' 생각할 수 있다. 그러나 상상해 보자. 만약 출연자 머리에 까치집이 만들어져 있다면 카메라는 그 방향으로는 움직일 수 없다. 잡을 수 있는 카메라 샷이 그만큼 줄어든다는 뜻이다. 또 얼굴에 기름기가 번들거리면 조명팀은 조명을 줄여야 하나 고민에 빠진다. 그러니 출연자가 스튜디오 의자에 앉을 때까지 뒤쫓아 와 끝까지 빗질 한 번이라도 더 해 준 분장팀이 제작진에겐 정말 고마운 존재다.

분장팀은 하루에도 수십 번씩 시간과의 전쟁을 벌인다. 짧은 시간이지만 출연자를 최상의 컨디션으로 만들어주고 싶은데, 늘 방송시간은 너무 빨리 다가온다. 오죽하면 촬영 시간 다 됐다고 출연자를 데리러 오는 제작진이 저승사자처럼 무섭게 느껴질 정도라고 한다. 그래도 늘 자기의 자리에서 남은 1초까지 최선을 다하는 분장팀 덕에 생방송은 언제나 '이상 무(無)'이다.

ON AIR

어떻게 방송에 나오는 걸까?
출연자

　방송에 관련된 직종 중에 일명 '평론가'들이 있다. 정치평론, 시사평론, 문화평론, 스포츠평론…. 분야도 다양하고 전문성만 인정받는다면 여기저기 초대되어 전문가 대우를 받는다. 평론가의 주 업무가 방송은 아니더라도, 출연료로 일정 소득도 얻을 수 있다. 그래서인지 평론가를 비롯한 소위 '전문가'를 어떻게 선정하는지 궁금해하는 사람들이 많다.

　방송가가 한동안 한 전문가 때문에 시끄러웠던 적이 있다. 한국사 스타강사로 재밌는 스토리텔링으로 유명세에 오른 사람이었다. 방송사를 넘나들며 각종 예능 프로그램에서 승승장구하던 그가 갑자기 구설에 휩싸인 것이다. 세계사를 다루는 프로그램을 진행하다 심각한 오류를 범했다는 것이다. 그의 방송을 본 한 학자가 문제를 제기하자 제작진과 당사자가 나서 진화를 시도했지만, 이번엔 또 음악사를 잘 못 설명했다는 지적이 나왔다. 전문가를 전면에 내세운 프로그램이 신뢰도에 큰 타격을 입은 셈이다.

이런 일이 생길 때면 시청자는 "왜 제대로 된 전문가를 섭외하지 못하는가?" 질타한다. 궁색한 변명이겠지만 제작진도 '어떤 전문가를 섭외해야 할까' 끝없는 고민을 하긴 한다. 하지만 늘 선택의 기로에서 딜레마에 빠진다. 물론 공인된 경력과 전문지식을 갖춘 사람이 섭외 1순위다. 하지만 시청률을 무시할 수 없는 것이 현실이다. 그러니 실력에 더해 설득력 있는 언변까지 갖춘 전문가가 있다면 금상첨화다. 그런데 가끔 이 부분이 역전되며 문제가 생기곤 한다. 재미에 치중하다 보면 앞서 말한 사례처럼 무리수가 따르기 때문이다.

시사보도프로그램의 경우 생방송이란 것 때문에 제약을 받곤한다. 녹화라면 전문가가 좀 재미없게 이야기해도 어느 정도 '편집의 묘'로 살려낼 수 있다. 지루한 부분은 걷어내고, 자막과 효과음만 넣어도 훨씬 프로그램에 생기가 돌기 때문이다. 하지만 생방송은 피할 곳이 없다. 전문가가 늘어지게 말하거나 목소리 상태가 안 좋아도 방송을 중단하지 않은 한 속수무책 듣고 있어야 한다. 제작진으로서는 생방송에 능숙한 '방송형 전문가'를 선택할 수밖에 없는 이유다.

한 분야에 외곬인 전문가는 더 부담스러울 때가 있다. 한번은 원로 부검 전문의가 처음 생방송에 출연한 적이 있었다. 워낙 저명한 분이라, 그분의 지식은 의심할 필요가 없었지만, 연세가 많아서 걱정했는데 사전 인터뷰를 해 보니, 유쾌하고 말도 쉽게 해서 안심이 됐다. 그런데 문제는 방송이 시작하자마자 터졌다. 전공분야에 대한 자부심이 커서인지 갑자기 시신의 주요 부위, 더 정확히는 생식기 명칭을 적나라하게 말하면서 너무 상세히 설명하기 시작한 것이다. 방송 초반이라 끊을 수도 없고, 위험 발언이 나올 때마다 앵커와 제작진이 정정하느라 혼비백산했던 기억이 있다. 결국 이런 일을 한두 번 겪고 나면 전문성보다는 방송을 아는 전문가로 섭외가 기울게 된다. 양질의 정보만큼이나 중요한 것이 안전한 방송이기 때문이다.

한 길 사람 속을
알 수 있다면

섭외에 가장 큰 복병은 출연자가 구설에 오르는 것이다. 제작진으로서도 소문나지 않은 일은 알아낼 방법이 없다. 과거 '미투 운동'이 한창일 때는 영화계의 천만배우부터 예능계의 절약왕까지 줄줄이 프로그램에서 하차한 일도 있었고, 공중파 앵커가 여성들을 불법촬영하다 체포돼 세상을 놀라게 한 일도 있었다. 어제까지 같이 방송하던 사람들이 하루아침에 논란에 휩싸여 사라지는 것이다.

이렇게 출연자가 급작스럽게 하차하면 프로그램이 존폐 위기에 몰릴 만큼 곤경에 처할 때가 있다. 그래서 제작진도 출연자 검증에 더 신경 쓰고 있지만, 솔직히 본인에게 확인하는 것 말고는 신통한 검증법이 없다는 게 고민이다.

시사보도프로그램 출연자는 한 분야 전문가이거나, 공신력을 인정받은 경력자 또는 타 방송에 출연해 입담을 과시한 인물 등 다양한 루트로 후보군이 선정된다. 이들을 직접 면담하기도 하지만, 사실 그렇게 한두 번 만나서는 그 인물의 속사정까지 아는 것은 힘들다. 그래서 궁여지책으로 선택하는 방법이 '작가 네트워크'를 활용하는 것이다. 작가들은 방송국을 자유롭게 옮겨 다니며 각계각층의 출연자와 연을 맺는다. 또 이들이 현장에서 직접 부딪혀 얻은 인물평은 인터넷 검색 같은 데선 절대 얻지 못할 알짜 정보인 경우가 많다. 섭외 전에는 이 '작가 네트워크'를 통한 검증이 요긴하게 쓰일 때가 있다.

프로그램이 시작됐다고 해서 긴장의 끈을 늦출 순 없다. 실제로 고정으로 출연하는 전문가의 출연료가 가압류 되거나, 성폭력 의혹으로 피소되는 등의 일이 종종 일어난다. 면담이나 작가 네트워크로도 걸러내지 못하는 위험이 늘 도사리고 있기 때문이다. 제작진은 출연자와 이니셜이나 스펙이 비슷한 사람이 등장하는 기사가 뜨면, 인맥을 총동원해서 그 인물이 누구인지 확인하는 작업을 한다. 출연 보류나 정지 등 사후 조치라도 최대한 신속하게 해야 하기 때문이다.

출연자가 구설에 휘말리면 해당 프로그램 제작진도 "알면서도 숨긴 거 아니냐?" 또는 "왜 몰랐느냐"는 질책에 시달린다. 억울할 때도 있지만 프로그램에 관련된 모든 책임은 제작진의 몫이니 비판을 피할 순 없다. '한 길 사람 속'을 들여다볼 수 있는 신통력이 누구보다 절실한 제작진이다.

저 앵커는 옷이 몇 벌이길래?
의상팀

우리나라 시청자는 아직 뉴스 진행자에게 요구하는 이미지가 있는 듯하다. 남자라면 정장에 넥타이까지 완벽하게 갖춰 입은 모습을 요구한다. 그래서 간혹 앵커가 재킷을 안 입거나 터틀넥을 입고 방송을 진행하면 어김없이 시청자센터로 전화가 온다. "뉴스 진행자가 왜 겉옷을 안 입냐" "넥타이를 안 매는 건 예의 없는 것이다"라며 항의를 하는 것이다. 한마디로 뉴스답게 입으란 말이다.

"앵커는 도대체 옷을 몇 벌이나 있는 거냐?"며 호기심을 갖는 사람들이 있다. 뉴스를 매일매일 진행하는데 그때마다 다른 옷을 입고 나오니 옷이 365벌쯤 있는 걸로 아는 사람도 있다. 그런데 방송국에 와서 보니 그게 대부분은 빌려 입는 옷이었다. 연예인이 코디네이터가 협찬받아 온 옷을 입는 것처럼, 방송국 의상팀도 협찬을 받거나 일부는 구매해서 주로 뉴스 출연자들에게 입히는 것이었다. 연예인 협찬과 달리 앵커나 기자들을 위한 의상팀이니 '뉴스 코디네이터'쯤이라 할 수 있겠다.

시사보도프로그램은 예능이나 교양 프로그램보다 출연자 의상에 더 신경이 쓰인다고 한다. 일단 시청자 눈높이가 까다롭다. 유행에 너무 민감해도, 그렇다고 너무 떨어져서도 안 된다. 장식이 너무 화려해도, 또 너무 밋밋해서도 곤란하다. 딱 '유행에 뒤떨어지지 않으면서도 고급스럽고 무난한 옷', 속칭 '○○동 며느리 룩' 스타일이어야 한단다. 또 협찬 옷이니 아무래도 딱맞는 사이즈가 없을 땐 '피팅(fitting)' 작업을 해서라도 빌려 입은 티가 안 나게 하는 것도 중요하다. 이를 위해 의상팀은 옷핀과 시침핀으로 임시 바느질을 하는데, 앞에서 볼 땐 맵시 있게 옷이 딱 들어맞는 여자 앵커 등에는 수십 개의 핀이 꽂혀 있을 때가 다반사다.

기능적 제약도 있다. 일단 반짝거리는 장식은 조명이 반사되기 때문에 피한다. 또 흔히 날씨에 많이 쓰이는 크로마키(CG 합성을 위한 특수 촬영)는 파란색 또는 초록색 배경에서 촬영하기 때문에 이 두 색깔이 들어간 옷은 얼굴만 동동 뜨는 '유령 샷'이 만들어지기 쉽다. 그래서 의상팀은 그날 뉴스가 어떤 연출법으로 촬영되는지 사전에 꼼꼼하게 파악해 두는 것도 잊지 말아야 한다.

눈썰미 좋은 시청자의 감시도 신경 써야 한다. 한두 번만 입어도 "지난주에 입고 나왔던 옷이네"라고 알아보는 시청자가 있다. 또 "저 옷 다른 여자 앵커가 입었었는데 그쪽이 더 잘 어울린다"며 뜻밖의 경쟁심을 부추기는 시청자도 있다. 간혹 매의 눈을 가진 시청자는 남자 앵커 넥타이 무늬까지 알아보기 때문에 여간 신경 쓰이는 것이 아니다. 그래서 의상을 돌려가며 입더라도 시간 차이를 둬서 티가 좀 덜 나게 하고, 다른 액세서리를 추가해서 다른 옷처럼 보이게 연출한다.

의상팀의 일거리는 또 있다. 바로 '청결'을 단속하는 것이다. 빌린 옷은 보통 3~4일 안에 반납해야 하는데, 간혹 옷에 커피나 화장품을 묻혀 오는 출연자가 꼭 있기 때문이다.

옷을 입고 벗을 때 화장이 묻어 오염되는 건 애교에 속한다. 이런 일은 비일비재해서 세탁비 정도만 보상하는 선에서 끝날 때가 많다. 그러나 커피를 쏟거나 찢어져서 원상복구가 어려울 땐 일이 커진다. 의상팀이 울며 겨자 먹기로 변상을 하거나 일부 비용을 내고 오염된 옷을 구매해야 한다. 하지만 만약 옷을 망가뜨린 사람이 유명인이라면 조금 방법이 다를 수 있다고 한다. 피해를 준 브랜드 제품을 다른 광고나 행사에서 다시 한 번 노출 시켜서 변상을 대신하는 것이다. 그러나 상대적으로 덜 유명한 연예인이나 앵커 등은 이마저도 힘드니 협찬 의상이 망가질까봐 전전긍긍할 수밖에 없다. 의상팀의 입장에서 옷이 예쁘게 맞는 출연자보다, 옷을 아낄 줄 아는 출연자가 더 반가운 이유다.

프로그램의 얼굴도 만들어줍니다
보도 CG팀

뉴스PD가 프로그램을 개편해야 한다면 기획 단계에서 꼭 만나야 할 사람이 바로 CG(컴퓨터프로그램)팀이다. 프로그램을 새로 단장을 할 때는 내용도 참신해야 하지만 시각적으로도 한눈에 '확~!' 변화를 느낄 수 있게 뭔가 보여줘야 한다. 이때 가장 의지하는 스태프가 CG, 그래픽 디자인팀이다.

그래픽은 시청자가 알고 있는 것 이상으로 프로그램에 큰 영향을 미친다. 가령 그래픽 디자이너가 만드는 프로그램 로고(LOGO)는 그 색상과 모양에 따라 세트나 소품, 자막 디자인까지 좌우한다. 눈 감아도 프로그램 이름만 들으면 딱 떠오르는 얼굴을 그래픽팀이 만들어 내는 것이다.

제작의 한계도 그래픽이 무너뜨린다. 뉴스에서 영상이 꼭 필요하지만 이미 사건이 종결되거나 CCTV가 없어 영상 처리가 불가능한 경우가 있다. 또 몇 시간의 자료영상보다도 일목요연하게 정리된 도표 한 장이 더 사건을 설명하는 데 효과적일 때도 있다. 그럴 때 그래픽으로 당시 상황을 재현한 이미지를 그리거나 도표를 만들어서 제시하면 훨씬 풍부한 내용 구성을 할 수 있다. 많은 비용과 시간을 들여야 할 일이 그래픽 디자이너의 책사에서 해결되는 것이다.

뉴스를 준비할 때 가장 까다로운 작업은 무엇일까? 챙길 게 수십 개인 마당에 하나만 꼽긴 어렵지만, CG팀에서는 뉴스보다 어깨걸이(DVE)가 더 까다롭다고 말하기도 한다.

'어깨걸이'는 쉽게 말해 앵커의 배경화면을 말한다. 우리가 뉴스를 볼 때 앵커 뒤로 사건 관련자 얼굴이나 사진 등이 나타나는 그래픽이 '어깨걸이'이다. 원래는 DVE(digital video effect)라고 불러야 하는데, DVE는 '중계용' '출연용' 종류가 많아서 편의상 앵커 배경화면은 '어깨걸이'라고 부른다. 주로 앵커 어깨 옆으로 이미지가 표현되기 때문이다.

CG팀이 '어깨걸이' 작업을 까다롭다고 하는 이유는 뉴스의 핵심 내용을 한 장으로 보여줘야 하기 때문이다. 상당한 구성력이 필요한 작업이다. 또 화면 가득 짧으면 10초, 길면 1분 이상 그래픽이 노출되니 주목도도 상당히 높다. 시선을 끄는 만큼 실수를 했을 경우, 그만큼 타격도 크다. 가령 모자이크로 가려야 할 사건 관련자의 얼굴이나 서류의 인적사항을 지우지 못하면 신상이 강제로 공개돼 버린다. 사안에 따라 당사자가 피해를 입을 수도 있기 때문에 치명적인 실수가 아닐 수 없다. 그래서 만약 필요한 모자이크가 빠져있다면 뉴스PD는 빈 화면을 띄우는 한이 있더라도 절대 방송해선 안 된다.

'어깨걸이' 제작 스태프에게 철저한 보안이 요구될 때도 있다. 큰 특종의 경우 작은 단서라도 외부로 유출되면 타사에 특종을 빼앗길 위험이 있다. 때문에 '어깨걸이' 제작도 007 작전 빰치듯이 이뤄질 때가 있다. 아주 기본적인 밑그림만 준비해 놓고 핵심 인물 사진은 방송 직전 오픈을 한다던지, 아예 '어깨걸이' 자체를 여러 개 만들어서 특종이 무엇인지 헷갈리게 하는 방법도 쓴다. 여러모로 CG팀에 부담이 많이 가는 일이지만 무사히 특종이 방송될 때면 첩보작전이 성공한 듯 가슴이 뿌듯해진다. 그래픽 디자이너의 작품이 단순히 '배경'이 아니라 뉴스의 가치를 올려준 '주인공'이 되는 순간이기 때문이다.

3장

방송국에 있는 사람들은 어떻게 일할까?

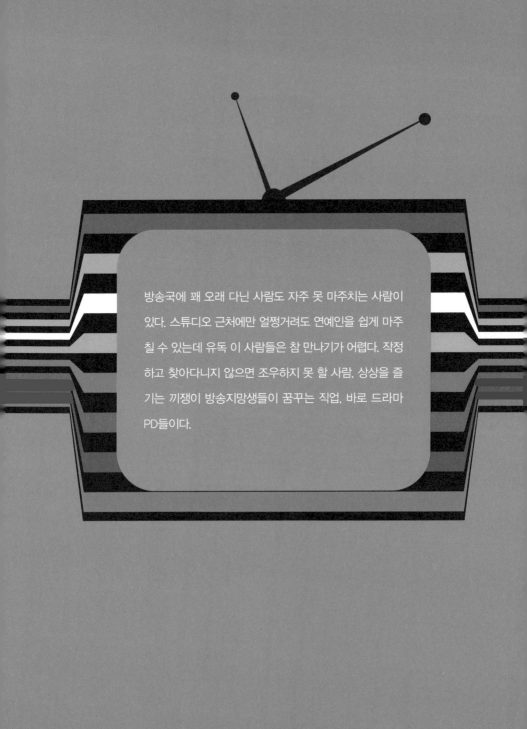

방송국에 꽤 오래 다닌 사람도 자주 못 마주치는 사람이 있다. 스튜디오 근처에만 얼쩡거려도 연예인을 쉽게 마주칠 수 있는데 유독 이 사람들은 참 만나기가 어렵다. 작정하고 찾아다니지 않으면 조우하지 못 할 사람. 상상을 즐기는 끼쟁이 방송지망생들이 꿈꾸는 직업, 바로 드라마 PD들이다.

365일 드라마를 위해 산다
드라마PD

드라마PD를 방송국에서 만나기 힘든 이유는 간단하다. 작업 스타일이 매우 다르기 때문이다. 방송사에 소속된 드라마PD를 전제로 이야기하자면, 일단 출퇴근이 '심하게' 자유롭다. 연출하는 작품이 없을 때는 굳이 책상을 지키고 앉아 있을 이유가 없다. 차라리 그 시간에 다양한 '자율 학습'을 하는 것이 더 훌륭한 작품을 만드는 에너지가 된다.

그렇다면 드라마PD들의 '자율 학습'은 어떤 모습일까? 몇몇 드라마PD에게 질문해봤더니, 여행이나 영화 감상, 독서 등 작품 구상에 도움이 되는 '일'을 닥치는 대로 한다고 한다. 월급 받으면서 출근도 자유롭게 하고, 심지어 여행 다니는 걸 일로 쳐주다니! 심하게 부러운 생활을 하는 것 같은 이 드라마PD의 실상을 들여다보면 그렇게 달콤한 맛만은 아니다. 앞서 말했듯이 여행도 '자율 학습'이니 뭐라도 얻어서 돌아와야 한다는 중압감에 시달린다. 풍경에 취하기보다는 '여기는 카메라 앵글이 어떻게 나올까?' 먼저 생각하게 되고, 마음에 드는 현지 맛집을 찾으면 '촬영 허가를 받을 수 있을까?' 눈치부터 살피게 된다. 영화를 볼 때도 '자율 학습'은 계속 된다. 편안히 팝콘을 씹다 잠이 스르르 드는 풍경은 사치다. 새로 개봉한 영화들은 어떤 새로운 연출 기법을 썼는지 눈여겨 봐두고, 좋은 OST가 흘러나오면 '나중에 참고해야겠다'며 머릿속에 저장하기 바쁘다.

드라마PD의 '자율 학습' 중 가장 인상 깊은 대목은 '체력 관리'다. 다른 일은 각자의 개성에 따라 제각각이지만 건강만큼은 드라마PD들의 공통의 숙제다. 보통 한 작품이 들어가면 짧으면 반년, 어떨 때는 한두 해를 훌쩍 넘기는 긴 작업을 해야 한다. 이 기간 동안 밤낮이 뒤바뀌는 것은 물론이고, 월화수목금금금…하루도 쉬는 날 없이 촬영과 편집에 매달리는 날이 계속된다. 또 촬영 현장에서 벌어지는 수많은 사건사고와 예민한 배우, 스태프들 사이에서 중재자 역할을 하며 한시도 긴장의 끈을 놓을 수 없는 시간이 계속된다. 이러니 극도의 스트레스는 기본이고, 반대로 끼니 챙겨 먹는 것은 욕심이 돼 버린다. 그래서 드라마PD들은 작품 준비 기간 동안 등산이나 수영 같은 운동으로 지구력을 기르고, 술과 담배를 멀리하는 등

배우 못지않은 체력 관리를 해야 한다.

　우리는 드라마 한 편으로 하루의 피로를 씻고, 때로는 따뜻한 위로를 받는다. 드라마가 이렇게 많은 시청자의 벗이 될 수 있었던 것은 오직 드라마만을 위해 365일을 사는 드라마PD들의 삶이 있기 때문일 것이다.

라디오와 4차 산업이 만나면
라디오PD

'재난 상황에서도 끝까지 살아남을 매체는 라디오'라는 말이 있다. 영상 매체는 쉽게 먹통이 되어도 라디오만은 주파수만 잡힌다면 끈기 있게 생명력 있는 소리를 전해준다. 또 라디오는 사람에게 가장 친근한 매체 중 하나다. 과거에도 시장이나 거리에서 쉽게 들을 수 있었던 라디오는, TV와 인터넷 그리고 OTT(Over The Top)가 대세인 요즘도 노동의 고단함을 덜어주는 친구로 우리 곁에 머물러 있다.

라디오의 친근함에 빠져 라디오PD를 지망하는 사람들이 꽤 있다. 좋아하는 음악을 다정한 DJ의 음성에 실어 보내는 고요한 작업 환경이 상상될지 모르지만, 라디오PD 세계의 이면은 치열한 노력의 연속인 경우가 많다.

일단 라디오PD는 전천후가 되어야 한다. 텔레비전 PD는 보통 다큐멘터리, 예능, 드라마 등 장르별로 사람을 뽑아 그 분야에서 계속 경력을 쌓아간다. 하지만 라디오PD는 분야를 명확히 나누지 않고 채용해서는 여러 장르를 돌아가며 제작을 하게 한다. 어떨 땐 클래식에 조예가 깊어져야 하고, 어떨 때 주부의 마음을 어루만져 줄 친정엄마 같은 마음이 되어야 한다.

라디오PD는 마케팅 마인드도 있어야 한다. 내가 담당하는 프로그램에 돈을 내고 광고하려는 사람이 많아지도록 신경을 써야 한다. 또 캠페인을 진행할 땐 제작지원이나 협찬 상품 등을 유치하는 수완을 발휘해야 할 때가 있다. 영상 걱정 없이 고상하게 음악이나 고르면 되지 않을까 생각했다면 절대 오산이다.

이런 라디오PD 세계에 요즘 변혁의 파도가 밀려오고 있다. 바로 라디오와 4차 산업의 만남이다. 자동차에 당연히 달려있던 주파수 라디오 대신 AI 스피커가 대세가 될 것이란 전망이다. 사람이 아니라 AI가 음악을 골라준다는 뜻이다. 유튜브처럼 라디오도 알고리즘을 기반으로 청취자에 맞춤 콘텐츠를 제공하는 시대가 오는 것이다.

오디오플랫폼이 활성화되면 DJ의 대화에 귀 기울이던 청취자들이 직접 DJ와 수다를 떠는 게 손쉬워진다. 지금처럼 문자 채팅이 아니라 음성으로 말이다. 제작방식도 디지털 기반이니 PD, 작가, DJ, 엔지니어가 하나로 합쳐진 1인 미디어 형식이 될 것이다. 인터넷 매체가 아니라 대형 방송사에서도 이젠 멀티플레이를 하는 라디오PD가 대세가 될 거란 전망이다.

하지만 아무리 기술과 형식이 변하더라도 라디오가 청취자의 오랜 친구임은 변치 않을 거란 의견이 많다. 긴 세월 우리 귀에 꿀처럼 달콤한 위안을 주던 라디오만의 매력은 변치 않을 것이기 때문이다. 음악을 즐기는 열정이 크다면 라디오PD가 되어 4차산업시대의 오디오 콘텐츠를 주도해 보면 어떨까?

ON AIR

'트루먼 쇼'를 만드는
관찰예능 작가

어릴 적 재밌게 봤던 영화 중에 '트루먼 쇼'라는 게 있다. 당시엔 "한 사람의 인생이 생중계 된다"는 스토리가 비현실적이라고 느꼈는데, 요즘은 '트루먼 쇼'가 대세가 된 듯하다. 바로 '관찰예능' 때문이다. 집안 곳곳에 카메라를 설치해 출연자의 일상을 보여주는 관찰예능은 연예인 당사자뿐만 아니라 그 가족이 거리낌 없이 날것의 일상을 공개하며 인기를 끌고 있다. 그런데 관찰예능을 보면 항상 재밌고 항상 황당한 일이 일어나던데, 그 모든 건 100% 실제 상황일까? 답부터 말하자면 반은 맞고, 반은 틀리다.

관찰예능에도 수많은 작가가 있고 대본이 존재한다. 그렇다고 대사까지 세세히 적힌 대본이 있다는 말은 아니고, 장소 섭외를 위한

'진행대본'과 전체적인 흐름을 이끄는 '상황대본' 정도가 있다는 말이다. 그리고 이 상황과 흐름을 짜는 사람들이 관찰예능 작가들이다.

가령 육아 관찰예능이라면 무조건 "아이랑 재밌게 놀아줘라"하면 방송에 쓸 내용이 별로 안 나온다. 출연자들이 카메라가 어색해 머뭇거리거나 방송에 쓸 수 없는 대화를 나누기 십상이다. 이런 일을 방지하기 위해선 작가들이 상황을 만들어 줘야 한다. '아빠랑 키즈카페 가서 친구랑 재밌게 놀기' '동물원에 가서 아기 염소 먹이 주기' 같은 최소한의 설정을 하는데 이것을 '상황대본'이라고 한다.

여기에 '진행대본'도 필요하다. 출연자들이 움직이는 장소마다 촬영 허가를 받고 카메라를 설치하려면 많은 시간이 소요되는데, 미리 준비하지 않는다면 흐름이 끊기고 시간도 많이 걸린다. 제대로 준비하지 않는다면 며칠을 촬영해도 1회 분량을 채우기 어려워질 수 있다. 그러니 앞서 말한 상황대본에 맞춰 키즈카페나 동물원을 미리 섭외하고 카메라도 설치해야 하는데, 그 진행과정을 정리한 것이 '진행대본'이다.

혹시 100% 리얼(real)인 줄 알았더니 대본이 있어서 실망이라고 생각할 수 있다. 하지만 상황대본이나 진행대본 모두 촬영을 위한 최소한의 개입일 뿐 출연자의 행동을 방해하지 않도록 노력하고 있다. 시청자에게 재미있는 관찰예능을 선보이기 위한 제작진의 노력쯤으로 너그러이 양해해 주면 좋을 듯하다.

ON AIR

섭외에
드론을 쓴다고요?

도시를 떠나 자연에 은둔하는 사람들의 생활을 들여다보는 프로그램이 주목받은 적이 있다. 관찰예능의 또 다른 변주라 할 수 있는데, 대체 속세의 연을 끊고, 깊은 산중으로 들어간 자연인을 어떻게 찾아 카메라 앞에 등장시킨 걸까?

산속 은둔자를 찾는 작가들의 다양한 노하우가 있겠지만 비교적 잘 알려진 비결 중 하나가 바로 '항공사진'이다. 여러 지도 사이트가 드론으로 촬영해 홈페이지에 올려놓은 항공사진을 보며 은둔자를 찾는 것이다. 하늘에서 전국의 산을 찬찬히 훑어보면 수풀 속에 지붕처럼 생긴 작은 물체들이 보인다고 한다. 그러면 그것을 실마리로 그 물체가 정말 집이 맞는지, 아직도 그곳에 사람이 사는지 등을 추적한다. 물체의 좌표로 주소를 유추해 내고, 그 주소를 토대로 관할 면사무소나 경찰서에 도움을 요청하는데, 프로그램 제작과 상관없는 사람들이 도와주도록 이끄는 것도 작가의 수완중 하나다. 관찰예능 작가는 사막이 아니라 산에서 바늘을 찾는 능력자인 셈이다.

관찰예능에도 드론이 대세가 되어 간다. 출연자가 자전거를 타는 장면이나 시골로 놀러 가는 장면 등 시원하고 탁 트인 풍경이 필요한 영상에선 항상 드론이 쫓아다닌다. 그렇다면 관찰예능에는 도대체 카메라가 몇 대나 투입되는 걸까? 출연자의 행동이 너무 자연스러우니 모두 '무인 카메라'로 촬영하는 걸로 생각하기 쉽지만 꼭 그렇진 않다. 물론 요즘은 '동작감지 카메라'가 워낙 잘 발달 돼 있지만, 때때로 물건이나 얼굴표정 등을 클로즈업해야 하기 때문에 불가피하게 카메라 감독 즉 VJ가 꼭 투입된다. 그래서 만약 한 가정이 주인공인 관찰예능을 예로 든다면 프로그램마다 차이는 있겠지만 평균적으로 방 하나에 동작감지 카메라 3~4대가 고정으로 설치되고, VJ는 적어도 2~3명 투입된다. 거실 하나에 방 3개짜리 아파트라면 카메라만 20대 이상 배치된다는 뜻이다. 여기에 부엌이나 욕실 등 촬영 공간이 추가되면 그만큼씩 카메라 수도 늘어난다.

관찰예능 작가에게 카메라 수가 중요한 이유는, 여러 장소와 각도에서 잡은 수많은 촬영 영상 중에서 방송에 들어갈 최적의 컷들을 PD와 함께 골라내야 하기 때문이다. 거기다 상황에 맞는 자막을 입히고 적절한 코멘트까지 쓰려면 수십 대의 카메라가 잡은 수많은 장면을 머릿속에 파노라마처럼 펼쳐 놓고 있어야 한다. 이젠 아닌 것을 찾아보기 힘들 만큼 관찰예능이 대세가 됐지만, 그 웃음 뒤엔 24시간이 모자라게 뛰어다니는 관찰예능 작가들이 있음을 기억하자.

방송국엔 마술사가 산다
특수분장

　방송국 곳곳에는 마술사가 산다. 물론 모자 속에서 귀여운 토끼랑 하얀 비둘기를 "짠~!"하고 꺼내는 진짜 마술사는 아니다. 그러나 "저게 될까?" 하는 의심을 한 방에 날려버리는 마술사 같은 사람들이 살고 있다. 바로 특수분장팀이다.

　한번은 후배 PD와 드라마를 모니터하다가 옥신각신한 적이 있다. 한 연기자가 삭발을 하고 등장했는데, 실제로 머리를 깎은 것인지 아니면 분장을 한 것인지 육안으로 봐서는 도통 헷갈렸다. 예전엔 삭발쯤은 분장인지 실제인지 단번에 알아봤는데, 요즘은 PD들도 아리송할 정도로 솜씨가 정교해졌다. 머리 스타일뿐만 아니다. 예쁜 여배우가 감쪽같이 노인이 되거나 아주 거대한 뚱보로 자유자재 변신을 하고, 얻어맞는 시늉만 해도 실감나게 코피가 터지고 살이 푹 패는 상흔이 생긴다. 이 모든 요술은 모두 다재다능한 특수분장팀의 실력이다.

특수분장은 배우의 몸을 도화지 삼아 스토리를 더욱 극적으로 만들어준다. 그 가능 범위와 디테일은 알면 알수록 신기하다. 흔히 사극에서 보는 수염만 봐도 선비와 장수의 분장이 다르다. 가령 선비는 수염이 가늘고 가지런한 모양이라면, 전쟁터를 누비는 장수의 수염은 굵고 거칠게 붙여 완전히 다른 얼굴을 만든다. 딱히 '이 인물은 어떤 인물이다' 설명하지 않아도 수염 한 가닥만으로 성격을 눈치채게 하는 것이다.

수염 이야기가 나와서 말인데, 특수분장팀에게 수염은 애증의 대상이란다. 등장하는 장면은 단 몇 초, 단 몇 분일지라도 수염 붙이는 데는 짧게는 1시간, 길게는 3~4시간이 넘게 걸리기 때문이다. 또 얼굴 모양대로 만들어진 수염을 한 번에 쓱 붙이는 '망수염'은 좀 수월하지만, 한 가닥 한 가닥 심듯이 붙이는 '가닥수염'은 시간과 노력이 몇 배는 더 필요하다. 비중이 큰 배역일수록 가닥수염이 많아 주연배우들은 촬영이 진행되는 수 개월 동안 수염을 심었다 뗐다 하는 작업을 수없이 반복해야 한다. 분장하는 동안은 밥도 못 먹고 휴식은커녕 자세도 마음대로 바꿀 수 없으니 배우와 분장팀 모두에게 인내심을 테스트하는 작업이 아닐 수 없다.

분장팀이 신경 써야 하는 것은 또 있다. 바로 촬영 순서다. 특히 야외 촬영은 대본 순서대로 찍지 않고 장소에 따라 첫 장면과 마지막 장면을 한 번에 붙여서 촬영하기도 한다. 그런데 만약 그 두 장면이 10여 년이 흐른 설정이라면 당연히 수염도 많이 자라고 희게 세어야 한다. 머리 역시 백발이 돼 있을 터이다. 촬영팀은 대기 중이고 시간은 촉박하니 세월의 흐름을 한눈에 보여줄 특수분장팀의 재빠른 솜씨가 절실한 순간이다.

이렇게 고생하고도 분장팀은 '관객의 기억에 남지 않는 분장이 가장 훌륭한 분장'이라고 말한다. 그래야만 시청자가 온전히 연기에 몰입할 수 있다는 뜻이다. 작품을 위해선 존재감을 숨길 줄 아는 정말 겸손한 마법사들이 아닐 수 없다.

ON AIR

PD와 한배를 탄 단짝
기술감독

한자 중에 '사람 인(人)'자가 있다. 사람이 일하는 모습을 본뜬 상형문자라는데, 이것을 조금 다르게 볼 수도 있겠다 싶다. 불안정한 획 하나를 뒤에서 받치는 또 하나의 획. 혼자보다는 서로 의지할 때 안정을 찾는 사람 냄새가 난다. 그리고 방송인에게 '사람 인(人)'은 가장 잘 어울리는 한자라는 생각이 든다. 아무리 잘나도 혼자서는 절대 할 수 없는 일이 '방송'이기 때문이다.

방송은 팀 작업이다. 슈퍼맨도 기획, 연출, 촬영, 편집 등 그 많은 일을 한 번에 해낼 수 없다. 그렇기에 방송 제작진은 씨줄과 날줄처럼 얽히며 협업을 한다. 이 과정에서 업무상 '단짝'들이 탄생하는데, PD에게는 TD(기술감독)가 '부조정실의 단짝'이다.

부조정실은 스튜디오와 연결된 운행 지휘소다. 여기서 벌어지는 연출진과 기술진의 호흡이 프로그램 완성도를 좌우한다. 특히 PD와 TD의 호흡은 흡사 '2인 3각 경기'를 방불케 한다. PD는 정확한 큐 사인으로 배려를 하고, TD는 안정적 커팅(송출장비 조작)으로 화답을 한다. 전 스태프는 두 사람의 지휘 아래 수십 개의 모니터를 일사불란하게 챙긴다. PD와 TD의 합(合)이 좋을수록 방송 시간은 잘 짜진 군무처럼 유연하게 돌아간다.

하지만 때론 PD가 과한 욕심을 부려 사고를 유발하고, 어떤 날은 TD의 실수로 엉뚱한 화면이 송출되기도 한다. 또 중요한 생중계라도 있는 날이면 서로 예민해져 뾰족한 말을 주고받을 때도 있다. 그러나 그 정도 일로 단짝의 우정이 금이 가진 않는다. 우리는 모두 '방송'이라는 한 배를 탔고, 그 배의 목적지는 오직 '완벽한 방송'이기 때문이다.

'사람 인(人)'이 불안정한 획을 서로 받치고 있듯, 서로를 믿고 의지하는 방송인들. 어떤 TD에게 물은 적이 있다. '어떤 PD가 꺼려지는가?' 바로 "독불장군이 싫다"는 답이 돌아왔다. 남의 말 안 듣고 제 멋대로 하는 사람이 싫다는 뜻이다.

'그럼 어떤 PD가 좋은가?'라고 질문했다. 또 바로 "고민을 함께 나누자는 PD가 좋다"는 답이 돌아왔다. 사서 고생하는 귀찮은 일을 몰고 오더라도 "함께 해 보자" 하는 사람이 좋다는 말이다. 역시 '같이'의 가치를 아는 진정한 방송 단짝들이다.

ON AIR

보이지 않는 방송의 소리꾼
음향감독

영화 '봄날은 간다'의 남자주인공 직업은 사운드 디자이너다. 녹음 장비를 가지고 고즈넉한 산사와 대나무 숲, 갈대밭을 누비는 장면이 참 인상적이었는데, 특히 보통 사람은 그냥 흘려들었을 아주 작은 소리도 담아내려는 모습이 '소리'가 얼마나 예민한 분야인지 느끼게 했다.

방송국에도 이처럼 예민한 '소리'를 다루는 직종이 있다. 바로 음향감독이다.

TV의 소리는 하나처럼 들리지만, 사실 채널1, 채널2 이런 식으로 나눠서 제작된다. 이것이 방송될 때는 하나로 합쳐져서 송출되는 것이다. 뉴스 리포트를 예를 들자면 채널1에는 주로 기자 목소리나 인터뷰들이, 채널2에는 효과나 배경음악 등 꾸며주는 소리가 들어간다. 하지만 영상 편집자 마다 감각이 달라서 이 채널1, 2의 볼륨이 들쑥날쑥 다를 때가 많다. 이를 적절하게 믹싱(Mixing)해서 조화롭고 편안한 소리로 만드는 사람이 바로 음향감독이다. 아름다운 영상이 흐를 때는 배경음악을 조금 크게, 사건 영상의 아비규환 소리는 덜 자극적으로 줄여 주는 센스도 음향감독의 감각이다. 이러면 시청자는 일일이 볼륨을 조절하지 않아도 균일한 성량으로 TV를 시청할 수 있는 것이다.

음향감독의 섬세한 귀는 방송사고도 막아준다. 뉴스에서 현장 연결을 할 때 휴대전화나 백팩 신호가 불안정하면 연결이 갑자기 끊어져 사고가 날 위험이 있다. 게다가 영상은 눈으로 화면이 깜빡이면 사고 위험을 감지할 수 있지만, 음향은 보이지 않으니 그것도 어렵다. 그래서 음향감독들은 생방송 직전까지 어지러운 현장음과 섞여 들어오는 기자 목소리를 아주 예민하게 체크한다. 이때 미세한 잡음이니 신호 불량 기미가 감지되면 생방송 중에 사고가 날 정도로 심각한 것인지 판단해 PD에게 미리 알려준다. 음향감독의 날선 청력과 노련한 판단력이 방송사고 위험을 방지하는 사이렌 역할을 하는 것이다.

하지만 음향감독들도 진땀을 흘릴 수밖에 없는 복병이 있다. 생방송 중에 돌발 상황을 만드는 소음 유발자들이다. 간혹 방송 중에 어디선가 볼펜을 꺼내 '탁탁' 소리 나게 튕기는 출연자가 있는가 하면, 미리 확인을 하는데도 휴대폰을 안주머니에 숨겨 들어와 마이크에 전파 방해를 일으키는 사람이 있다. 물론 이때도 음향감독이 재빨리 해당 마이크만 죽이는 순발력을 발휘하지만, 느닷없는 소음에 어리둥절했을 시청자를 생각하면 아찔한 순간이 아닐 수 없다.

'방송에선 오디오가 3초만 끊겨도 사고다'라는 말이 있다. 그만큼 잠시의 공백도 허용치 않는 것이 방송 오디오다. 그렇기에 음향감독들은 한시도 긴장의 끈을 놓지 않고 귀를 쫑긋 세운 채 방송을 예의주시한다. 오늘도 보이지 않는 소리와 조용한 사투를 벌이고 있는 음향감독에게 응원의 박수를 보낸다.

ON AIR

조명발은 내게 맡겨라
조명감독

방송국에 다닌다고 하면 종종 "탤런트 누구는 화장발이지?" "가수 누구는 성형발이지?"라는 질문을 받곤 한다. 평균 이상의 미모를 자랑하는 연예인들이 많으니 비법이 있지 않나 상상하는 모양이다. 물론 일부는 틀린 말도 아니지만, 시청자가 잘 모르는 예뻐 보이는 비결이 하나 있다. 바로 '조명발'이다.

TV에만 나오면 유난히 얼굴빛이 어둡고 팔자주름이 깊게 파여 보여서 실제보다 더 늙어 보이는 사람이 있다. 또 딱히 검은 피부도 아닌데 어쩐지 화면에선 어둡고 우울한 인상을 풍기는 사람도 있다. 이럴 땐 조명이 제대로 세팅됐는지 체크해 봐야 한다. 조명이 적절한 곳을 비추지 못하면 주름에 그림자가 깊게 지고 피부도 더 칙칙해

보인다. 이럴 땐 조명 각도를 살짝만 틀어줘도 그림자가 없어지고, 얼굴을 비추는 작은 조명 하나만 추가해도 금세 화색이 돈다. 특히 얼굴 조명은 인물을 돋보이게 해야 하기 때문에 밝은 대낮에 야외촬영을 할 때도 이동식 조명을 설치하거나 반사판으로 태양광이라도 끌어다 얼굴에 비추면 더 화사하게 나온다. 이것이 소위 말하는 '조명발'이다. 이 때문에 연예인들에겐 '화면에 예쁘게 나오고 싶으면 조명팀과 친해져야 한다'는 불문율이 있을 정도다.

그렇다고 조명이 꼭 출연자의 미모를 밝히는 용도로만 쓰이는 건 아니다. 어린 시절에 손전등 하나를 턱 밑에 가져다 대는 것만으로도 간단하게 귀신 놀이가 가능했던 것을 기억할 것이다. 조명은 바로 이렇게 색감이나 각도에 따라 순식간에 슬픔과 기쁨, 두려움과 환희를 표현해내는 마법을 부린다. 그래서 세트를 세울 때도 카메라 팀 뿐만 아니라 조명팀과도 상의를 해서 무대 디자인을 하는 것이 중요하다. 그렇지 않으면 애써 지은 세트에 조명이 잘 먹지 않아서 입체감이 사라져 벽지처럼 평평해 보이거나 프로그램 분위기와 이질감이 느껴지기 때문이다.

또 일부 출연자 중엔 의욕이 넘쳐서 세트를 넓게 쓰겠다며 과도하게 몸을 움직이는 사람이 있다. 제작진과 사전 상의도 없이 이렇게 조명 자리를 이탈하면 앞서 말한 대로 못난 화면이 나올 수밖에 없다. '그러지 말'고 주의를 줘도 '카메라가 쫓아오면 되지 않냐'며 고집을 피우는 출연자도 많다. 하지만 이런 막무가내 출연자도 '카메라는 몰라도 조명이 못 쫓아가서 안 예쁘게 나온다'는 말 한마디면 얌전하게 제자리로 돌아온다. 그만큼 '조명발'이 무섭긴 무서운 모양이다.

컴퓨터광의 화려한 변신
IT 기술팀

지구촌의 축제, 올림픽과 월드컵 그밖에 국제적인 큰 이벤트가 있을 때는 전 세계 방송국들의 취재 경쟁도 뜨거워진다. 특히 중계권을 가진 각 나라 방송사는 아나운서와 해설자, 기자, PD 그리고 제작 스태프까지 상상 이상의 대규모 인력을 현장에 투입한다. 미디어센터로 모여드는 수백 명의 방송 인력을 보고 있자면 흡사 민족 대이동을 방불케 한다. 그런데 이런 큰 이벤트 현장엔 누구보다 먼저 도착해야 하는 사람들이 있다. 바로 IT 기술팀이다.

방송 IT 기술팀의 활약은 국경을 초월한다. 방송 장비는 우리 입맛에 맞게 현지에서 대여도 하고, 본국에서 직접 공수할 수도 있다. 요즘은 거대한 중계차를 직접 외국으로 싣고 가 방송을 하기도 한다. 하지만 아무리 우리 방송 장비를 갖추더라도 IT 환경만은 반드시 '현지화'해야 한다. 축제가 열리는 나라마다 통신 환경이 천차만별이기 때문이다.

이럴 때 우리의 IT 기술팀이 존재감을 드러낸다. 제한된 통신망을 우리 방송 장비에 맞게 세팅하고 조금이라도 나은 조건의 인터넷 환경을 선점하기 위해 IBC(국제방송센터) 측과 협의를 한다. 이렇게 IT 인프라만 안정화를 시켜 놓으면, 촬영 영상 전송이 일사천리로 이뤄지고, 생중계 송출도 무리 없이 진행된다.

방송 인프라뿐만이 아니다. 수많은 방송 인력들이 사용하는 컴퓨터와 사무기기, 기자들이 사용하는 노트북까지 모두 본국과 비슷하도록 세팅을 해 준다. IT 기술팀만 있다면 그곳이 뉴욕이든 런던이든, 서울과 똑같이 일할 수 있게 해주는 것이다.

이렇게 현지화된 IT 환경에서 방송이 순항을 시작하면 그때부터 IT 기술팀은 더 바빠진다. 해외의 통신 환경이 어떤 변덕을 부릴지 알 수 없으니 생방송이 진행되는 내내 통신이 불안정하진 않은지 노심초사 모니터한다. 그러다 예상대로 작은 사고라도 발생하면 그 넓은 IBC (국제방송센터)를 뛰어다니며 어떻게든 문제를 해결하기 위해 최선을 다한다. 한 번도 카메라 앞에 모습을 드러낸 적은 없지만, 카메라 뒤에서 묵묵히 방송을 지켜주는 말 그대로 현실판 수호천사인 셈이다.

IT 기술팀은 축제의 현장에 가장 먼저 도착하지만, 철수는 가장 늦게 한다. 마지막 취재진까지 무사히 업무를 마치고 귀국을 해야 그들의 일이 마무리되기 때문이다. 월드컵이나 올림픽처럼 보름을 넘기는 긴 경기일정이 잡힐 경우, 한 달 이상 바깥 생활을 해야 하는 고된 직종 중 하나다. 오랜 바깥 생활에 제대로 된 식사는 언감생심이고 시차가 클 때는 IBC 한 편에서 햄버거로 끼니를 때우는 일도 다반사다. 그래도 생방송이 문제없이 마무리하고 나서 조명이 꺼진 IBC 홀을 볼 때 가장 보람을 느낀다는 고마운 사람들이 IT 기술팀이다.

　　어릴 때 너무 컴퓨터를 좋아해서 부모님 걱정 많이 듣던 아이들이 있다. 하지만 게임에 빠진 게 아니라면 컴퓨터광(狂)도 얼마든지 방송에서 제 몫을 할 수 있다. 컴퓨터 다루는 것을 좋아하고 방송을 사랑하는 지망생이라면 IT 기술팀도 도전해 볼만한 매력적인 방송 직종 중 하나다.

ON AIR

'가성비 갑(甲)' 영상 일꾼
VJ

    사람은 두 가지 부류가 있다. 사진 찍히는 걸 좋아하는 사람과 사진 찍는 걸 좋아하는 사람. 전자라면 연예인이나 모델 등이 적성에 맞겠지만, 여기서 이야기하고 싶은 것은 후자다. 나보다 어떤 피사체든 촬영하고 편집해서 결과물을 만드는 걸 좋아한다면 방송에서 할 일이 상당히 많아진다. 그 대표적인 직종 중 하나가 VJ(Video Journalist)이다.

    "어디 VJ 괜찮은 사람 없어?" 방송국서 아주 자주 듣는 구인 SOS다. 예전엔 PD들끼리 이런 말을 주고받았는데, 요즘엔 인터넷 뉴스팀, 유튜브 제작팀 등 VJ를 필요로 하는 팀이 점점 많아진다. 사무직이야 신입으로 뽑아 가르쳐서 일해도 되지만, 영상을 다루는

97

VJ는 숙련 기간이 상당히 필요하다. 단순히 카메라 만질 줄 알고 편집 프로그램을 다룰 줄 안다고 소위 '짬'이 생기진 않기 때문이다.

VJ가 방송국서 인기 있는 이유는 혼자서 기획·촬영·편집이 가능한 전천후 인력이기 때문이다. 예를 들어 방송사가 인터넷 콘텐츠를 생산하는 방법은 크게 3가지가 있다. 먼저 TV에 정규 편성된 프로그램에서 광고만 제외하고 통째로 인터넷에 올리는 것이다. 아주 기초적이라 누구나 쉽게 할 수 있다. 두 번째부터가 문제다. 프로그램을 2~3분 단위로 잘게 쪼개 하이라이트 형식으로 올리는 방법이 있는데, 여기서부턴 재미있는 콘텐츠를 고르는 VJ의 '짬'이 필요하다. 그리고 마지막엔 아예 새로운 콘텐츠로 재생산하는 방법이 있는데, 이 지점에선 VJ의 솜씨가 빛을 발한다. 틀이 잡힌 정규 프로그램이라도 VJ의 손을 거치면 전혀 새로운 느낌의 콘텐츠로 탈바꿈할 수 있기 때문이다. 그동안 방송됐던 영상 중에서 특정 출연자의 표정만 쭉 뽑아내 '표정 맛집 ○○○'라는 식으로 새로운 스토리를 만들 수도 있고, 자투리 영상만을 엮어서 '감독판'이란 이름으로 서비스 영상을 만들 수도 있다. 사전 제작되는 관찰예능이나 드라마는 방송되지 않은 촬영 분량이 어마어마하기 때문에 이들만 재활용해도 셀 수 없이 다양한 영상이 탄생할 수 있는 것이다. 시쳇말로 '가성비 갑(甲)' 크리에이터(creator)가 되는 것이다.

뉴스도 인터넷 콘텐츠에선 색다른 제작물이 될 수 있다. '1분 30

초'라는 리포트 시간에 맞추려고 빼버린 촬영분을 인터넷 방송에선 제약 없이 쓸 수 있다. 긴 CCTV 영상도 자막과 효과를 넣어 친절한 설명을 덧붙이면 관찰예능 못지않게 되고, 애써 딴 인터뷰도 시간 제약 없이 재미있는 부분을 충분히 살려 인터뷰 콘텐츠를 만들 수 도 있다.

최근 유튜브 등 인터넷 영상 수요가 폭발하고 있으니 방송사들 은 앞으로도 관련 사업을 확장할 전망이다. 그러면 당연히 맛깔나게 영상을 요리할 수 있는 VJ나 PD들의 몸값도 상한가를 이룰 것이다. 시대의 대세 직종을 눈여겨볼 만하다.

ON AIR

물에 빠져도 카메라부터

영상제작팀

영상을 제작하는 PD나 VJ 그리고 카메라 스태프가 가장 소중하게 여기는 것은 무엇일까? 방송국엔 진위를 따져 묻기 힘든 전설 같은 이야기가 있다. 어느 궂은 날씨에 카메라팀이 취재를 가다가 교통사고가 났단다. 차가 비탈에서 굴러 물에 빠진 큰 사고임에도 다행히 심각한 부상자는 없었단다. 가까스로 차에서 빠져나온 카메라 감독이 상황 보고를 위해 회사에 전화를 했더니 상사가 듣자마자 사람 안부는 안 묻고 이렇게 외쳤다고 한다.

"카메라는?"

정말 있었던 일인지 진위를 알 수 없는 오래된 이야기지만, 어쩐지 그럴 수 있었겠다 싶은 건 과거 영상 장비 가격이 어마어마했기 때문이다. 일단 카메라맨들이 어깨에 메고 다녔던 ENG(electronic news gathering) 카메라 1대 가격이 억대에 달했고, 그 카메라를 고정하는 삼각대, 트라이포트 가격만도 몇백만 원을 호가했다. 그래서 사람 보험은 안 들어도 카메라 보험은 들고, 카메라 감독들도 아무리 무거워도 불평하지 않고 금이야 옥이야 소중히 대접했던 기억이 있다. 물론 지금은 ENG 카메라도 디지털화돼 크기와 무게가 훨씬 작아졌고, 무엇보다 가격이 훨씬 저렴해졌다. 그래도 카메라 스태프가 자신의 안위보다 장비의 안전을 먼저 챙기는 것만큼은 세월이 지나도 변치 않는 직업정신이다.

카메라의 발달을 이야기 한 김에 잠시 영상취재 장비의 발전을 짚어볼 필요가 있겠다. 장비의 발전에 맞춰 필요한 인재상도 변했으니 말이다. 앞서 말한 대로 ENG 한 대가 애지중지 대우를 받던 시절엔 그에 부속된 오디오 장비나 조명 등 필요한 별도 장비도 많았고 그만큼 스태프도 많이 따라다녔다. 특히 어디 생중계라도 있을 때면 중계감독부터 카메라, 오디오, 조명 등 대규모 인력이 우르르 움직여야만 방송이 가능했다.

그런데 요즘은 LTE망을 이용해 영상을 전송하는 일명 '백팩'의 등장으로 거대한 중계차 없이 어디서든 생중계가 가능한 세상이 됐다. 쉽게 말해 핸드폰처럼 와이파이만 터지면 현장 중계를 할 수 있게 된 것이다.

이렇게 장비가 발전할수록 카메라 스태프의 역할은 더욱 중요해졌다. 우선 현장에서 중계 포인트 협의, 카메라 위치 선정, LTE망 테스트, 생방송 스탠바이 등 과거 중계팀이 출동해서 할 일을 카메라 스태프 1명이 처리해야 하는 일이 다반사가 된 것이다.

현장 중계뿐 아니다. 요즘은 손목이나 머리에 달 수 있는 일명 '액션캠'도 방송에 자주 사용된다. 이 초소형 카메라의 등장은 "거긴 장비가 못 들어간다"는 평계를 종결시켰다. 액션캠만 달면 물속이든 하늘 위든 사람이 갈 수 있는 곳이면 카메라도 가는 세상이 됐다. 당연히 카메라 스태프는 스킨스쿠버도 배우고 스카이다이빙도 배우고 따야할 자격증이 많아졌다. 게다가 요즘은 4차 산업의 영향으로 드론 촬영도 필수가 돼 간다. 나날이 영상제작팀은 팔방미인이 돼야하지만 그만큼 일하며 다양한 경험을 할 수 있는 기회도 열리는 것이다. 활동적인 도전가 스타일이라면 매력적인 직종이다.

ON AIR

'편집 신(神)'의 강림
영상편집팀

    방송가엔 종종 불미스러운 이슈가 터진다. 어떨 땐 아주 용맹하고 남자다운 모습을 보였던 출연자가 성폭력 의혹에 휩싸이기도 하고, 성실한 이미지의 연예인이 도박 문제에 얽히기도 한다. 당사자들이야 시시비비를 가릴 태세지만 어쨌든 제작진으로서는 난감한 상황이다. 구설에 대한 검증 없이 방송을 강행했다간 질타가 쏟아질 것이 뻔하기 때문이다. 이럴 때 활약할 인물이 필요하다. 바로 '편집의 신(神)'이 강림할 타이밍인 것이다.

    영상에서 한 인물을 걷어내는 가장 효과적인 방법은 '통편집'이다. 등장부터 퇴장까지 해당 인물이 나오는 모든 장면을 잘라 내는 것이다. 이렇게 하면 그 사람이 출연했는지조차 모르게 할 수 있다.

그러나 요즘같이 관찰예능이나 토크쇼가 대세를 이룰 땐 이 방법이 쉽지 않다. 단체 숏(shot)이나 오디오가 맞물리는 상황이 많아 해당자만 콕 집어 들어내기가 녹록하지 않기 때문이다.

이럴 때 실력 있는 영상편집자가 쓰는 몇 가지 '신공(神工)'이 있다. 먼저 '삭제하고 확대하기'다. 사진에서 한 사람을 가위로 오려내듯 영상에서 해당자만 깔끔하게 오려내는 것이다. 그리고 잘려 나간 화면 빈 곳은 다른 사람들을 크게 확대해서 채운다. 몇 해 전 세 사람의 섬 생활을 다룬 관찰예능에서 출연자 한 사람이 탈세의혹을 받아 방송이 어려운 적이 있었다. 당시에 이 '삭제하고 확대하기' 기법이 쓰였다. 며칠을 섬에서 3명만 촬영을 한 영상인데도 "오늘은 두 사람만 출연하나?" 싶게 절묘한 편집이 이뤄졌다. 눈썰미 좋은 시청자만이 밥상 위에 밥그릇이 3개가 놓인 걸 보고 '누군가 잘려 나갔구나' 눈치챘을 뿐이었다.

다음은 'CG로 가리기'가 있다. 여러 사람이 뒤엉켜 있는 단체 숏에서 해당자만 편집할 때 CG로 덮는 거다. 주로 큰 자막이나 '펑' 터지는 애니메이션 효과 등으로 자연스럽게 가린다. 과거 한 토크쇼에선 출연자도 아닌 진행자가 도박 문제를 일으키자, 이 방법으로 그 존재를 완전히 가린 적이 있었다. 그 솜씨가 어찌나 완벽한지 시청자도 깜짝 놀랄 정도였다.

이외에도 '화면 갈아 끼우기'도 자주 쓰인다. 토크쇼 등에서 많이 쓰이는데 어쩔 수 없이 논란 당사자의 멘트가 나가야 할 경우, 목소리는 그대로 두고 화면만 다른 것으로 바꾸는 것이다. 이럴 때를 대비해서 촬영해 두는 것이 리액션 숏(reaction shot)이다. 녹화 때 별도의 카메라로 출연자들이 웃거나 고개를 끄덕이는 모습을 따로 찍어뒀다가 이런 경우 요긴하게 쓴다. 제작진에겐 위험에 대비하는 일종의 보험인 것이다. 누가 무슨 일로 편집 당할지 알 수 없는 것이 방송이기 때문이다.

4차 산업의 선도자
그래픽팀

방송계의 4차 산업 바람과 함께 가장 주목받는 분야가 그래픽 직종이다. 그래픽은 4차 산업의 핵심인 '융합'이란 말에 가장 가까운 직종이다. 미적 감각으로 예쁜 그래픽을 만들어 내는 시대는 이미 지났으며, 이제는 ICT 기술과 융합하여 AI나 VR등 4차 산업의 핵심 분야로 발전하고 있다.

케이블 방송국 개국 작업에 참여했을 때 제일 먼저 한 일은 외국 방송사 참관이었다. 미국의 대형 방송사에 출장을 갔는데 스튜디오라고 해서 들어가 봤더니 벽부터 천장, 바닥까지 온통 초록색으로 칠해진 방이 나왔다. 과장을 좀 하자면 우리 집 안방만한 크기의 그 스튜디오엔 세트도 책상 하나와 컴퓨터 한 대가 전부였다. 그 낯선 풍경에 어리둥절하고 있을 즈음, 그 방에 CG(컴퓨터 그래픽)를 덧씌우니 근사한 스튜디오가 나타났다. 바로 '가상 스튜디오(Virtual Studio)'였던 것이다. 물론 우리나라에도 일기예보 등을 가상 스튜디오에서 녹화하지만, 이렇게 본격적으로 프로그램 전체를 가상 스튜디오에서 생방송으로 진행하는 일은 드물다. 아주 놀라운 경험이었다.

눈에서 레이저가 발사되는 어색한 드라마 CG 효과에 헛웃음 짓던 게 엊그제 같은데, 이제 CG는 제작 현장의 만능 해결사가 됐다. 특히 드라마에선 CG가 마법사 역할을 한다. 가령 대하드라마의 전투 장면이라면 일명 '복붙(복사해서 붙여넣기) 신공'이 빛을 발한다. 일단 갑옷을 입은 연기자를 수십 명만 동원해 1차 촬영을 한 후 CG로 그들을 뚝딱뚝딱 복사해서 화면에 배치하면 수만 명의 군사들이 싸우는 장면이 만들어진다.

또 실제론 연기가 불가능한 동물이나 괴물을 연기자로 변신시키는 것도 CG의 몫이다. 배우가 마치 생명체가 앞에 있는 것처럼 넘어지고 뒹구는 연기를 하면, 나중에 CG로 거대한 호랑이나 괴수를 만들어 합성해서 사람과 싸우는 장면을 연출한다.

CG가 돈을 벌어주기도 한다. 요즘은 완성도를 위해 드라마도 사전제작을 많이 하는데, 문제는 드라마 판권이 어디로 얼마나 팔릴지 알 수 없으니 PPL(간접광고)도 어렵다는 단점이 있다. 드라마 인기가 높아질수록 광고가 많이 들어오지만, 이미 촬영이 끝났으니 제품을 노출 시킬 수도 없다. 이럴 때도 CG가 등판한다. 제작이 다 끝난 화면에 아주 자연스럽게 광고 제품을 덧입히는 것이다. 실제로 중국에서 큰 인기를 얻은 한 한류 드라마에는 한국판에선 볼 수 없었던 음료수가 등장한다. 중국 기업의 PPL 음료수를 CG로 주인공 손에 들려준 것이다. 4차 산업시대의 CG는 국경도 시공도 초월하며 수익을 만들어 내는 '만능 치트키'인 셈이다.

ON AIR

정확한 그림을 그리는
삽화작가

"그림이 될까?" 아침 회의 시간마다 방송 제작진이 스스로에게 가장 많이 던지는 질문이다. 모든 방송 PD들에겐 '그림', 즉 '영상'이 가장 큰 고민 중 하나다. 예능 프로그램은 웃음을 빵빵 터뜨려줄 명장면, 다큐멘터리에선 여운을 남길 감동적인 장면, 뉴스에선 시청자의 눈길을 한 번에 사로잡을 강렬한 영상이 필요하다. 어떤 이야기를 하는가는 중요하지만 어떤 '그림'을 보여주느냐도 실력이기 때문이다.

뉴스프로그램에서 제일 좋은 '그림'은 언제나 현장에 있다. 생생한 현장을 직접 촬영한 영상 만큼 진정성 있는 그림도 없다. 만약 현장을 촬영한 그림이 없다면 최선을 다해 CCTV 영상이라도 구해야 한다. 신입기자들이 사회부에 배치되면 가장 먼저 맡는 임무가 동네 CCTV 구하기 일 정도다. 하지만 안타깝게도 영상을 구하는 데 늘 성공하진 못한다. 이럴 때 선택할 수 있는 차선책이 바로 '삽화'다.

특히 사건 프로그램에서 '삽화'는 아주 유용하지만 그만큼 예민한 작업이기도 하다. '아름다운 그림'이 아닌 '정확한 그림'에 방점을 둬야 하기 때문이다. 활자로 된 기사에서 얻은 제한된 정보로 사건을 한 눈에 꿰뚫어 볼 수 있게 그림 한 컷으로 완성하는 것은 노련한 구성력이 필요한 일이다. 방송으로는 단 몇 초 만에 지나가 버리는 삽화지만 그 제작 과정이 복잡한 이유이기도 하다.

삽화의 제작과정을 조금 더 들여다보면, 먼저 삽화의 절반 이상은 기사 내용 파악이라고 할 수 있다. 삽화를 제작할 때는 일러스트 작가와 PD가 관련 기사를 먼저 공유한다. 이때는 같은 사건이라도 여러 개의 기사를 비교해야 한다. 간혹 기사마다 아주 작은 디테일이 다를 수 있는데, 그것이 삽화로 표현될 때는 아주 다른 상황으로 증폭돼 표현 될 수가 있기 때문이다. 그래서 이럴 땐 반드시 경찰서나 취재부서에 문의를 해서 정확한 정보를 확인하고 작업을 해야 한다.

삽화에 담을 정보가 선별됐다면 이제 PD가 먼저 스케치를 그려 작가나 그래픽팀에 제시를 한다. 물론 그림에 있어서는 일러스트 작가나 그래픽팀이 전문가지만, 앞서 말한 대로 정확한 정보가 우선이기 때문에 PD가 먼저 아이디어를 제안하는 경우가 많다. 여기에 작가나 CG팀이 등장인물의 나이나 의상 등 디테일을 덧붙여 삽화를 완성하는 것이다.

삽화를 제작할 때 반드시 경계해야 할 것도 있다. 바로 지나친 상상력이다. 현장을 직접 보지 않았기 때문에 어느 정도의 상상력은 불가피하지만 불필요한 과장이나 추정은 사건을 왜곡하고 2차 피해를 일으킬 수 있다. 그래서 흉기나 범행 도구가 등장하는 직접적인 범행 장면 묘사는 피하고, 사건의 본질과 상관없이 선정성만 부각되는 장면은 제외한다. 삽화는 오랜 기간 뉴스를 다뤄본 내공 있는 작가가 그려야 하는 이유다.

삽화는 방송사 그래픽팀에서 제작하기도 하고 프리랜서 일러스트 작가에게 의뢰해 제작하기도 한다. 제작 기법에 따라 조금씩 다르지만, 요즘은 사진 이미지와 손 그림, 포토샵 작업을 조합하는 작업을 많이 하기 때문에 삽화와 그래픽 작업을 구분 짓기 모호하다. 그림에 소질이 있는 방송지망생이라면 본인만의 독특한 화풍으로 삽화 작가에 도전해 보는 것은 어떨까 싶다.

ON AIR

그곳은 어떻게 찾았을까?
로케이션 매니저

TV에서 보면 첩첩산중에 숨겨진 멋진 장소들이 잘만 나오던데 그 촬영지는 대체 어떻게 찾은 걸까?

드라마나 영화의 촬영에는 대부분 '콘티(continuity)'가 존재한다. 대사 없이 주로 PD가 머릿속으로 그리는 장면을 메모나 그림 등으로 표시한 촬영대본인데, 여기엔 '도깨비가 나올 것처럼 안개가 자욱한 길' '흉가로 변한 공사장' 같이 장소에 대한 아주 간략한 설명이 곁들여 있다. 이 작은 단서를 토대로 전국 방방곳곳을 뒤져 PD가 상상한 장면에 최대한 가까운 촬영지를 찾아주는 사람들이 바로 '촬영 장소 섭외자', 일명 '로케이션 매니저(location manager)'다.

촬영 장소만 찾아주면 된다니 언뜻 들으면 여행 다니며 돈도 벌

수 있겠다 생각할 수 있다. 하지만 로케이션 매니저는 상당히 전문적인 분야다. 작가나 PD의 의도를 정확하게 파악해서 가장 근접한 장소를 찾아내는 게 기본이다. 하지만 단순히 촬영지의 겉모습만 보고 결정할 순 없다. 같은 장소라도 해가 높이 떠 있을 때와 노을이 질 때, 또 해가 완전히 지고 난 후의 얼굴이 다르기 때문이다. 그러니 필요하다면 길에서 24시간 지내며 햇빛과 함께 변해가는 촬영지의 모습을 사진에 담아 제작진에게 제공해야 한다.

때론 촬영허가를 받는 일도 로케이션 매니저가 한다. 만약 촬영지의 관리자가 명확치 않다면 아무리 시간이 걸려도 담당자를 찾아내 허가를 받아내야 한다. 도둑 촬영을 할 순 없기 때문이다. 또 야간 촬영에 대비해 주민 대표에게 미리 양해를 구해놓는 것도 잊지 말아야 한다.

로케이션 매니저는 제작현장에 대한 이해도 높아야 한다. 데이트 장면이냐, 조직폭력배의 싸움 장면이냐에 따라 투입되는 인력이나 장비가 천차만별이다. 수십 명에서 많게는 수백 명에 이르는 제작진과 장비가 촬영 장소에서 무리 없이 움직일 수 있는지 판단하는 것도 로케이션 매니저의 몫이다.

로케이션 매니저는 고단하고 고독한 여행자다. 하지만 촬영이 잘 마무리됐을 때 조용히 미소 지으면 또다시 낭만을 찾아 떠나는 또 한 명의 숨은 방송인이다.

방송국은 24시간 공사 중
세트디자인팀

방송국 스튜디오는 어떻게 생겼을까? 세트가 세워지기 전엔 그저 조명이 주렁주렁 매달린 흡사 창고와 같은 모습이다. 여기에 디자이너와 무대감독이 프로그램 성격에 맞는 세트를 세우면 천의 얼굴을 가진 무대로 변신하는 것이다.

TV 스튜디오를 설계하는 데는 복잡한 셈법이 필요하다. 하나의 세트 디자인이 결정되기까진 디자인 뿐만 아니라 출연 인원, 소품 종류, 방청객 유무 등 다양한 변수가 결정돼야 한다. 또 세트 조형물이 카메라 동선을 방해하진 않는지, 조명이 모든 출연자를 돋보이게 비추는 지도 반드시 계산해야 한다. 만약 코너가 여러 개 있다면 한 스튜디오 안에서 모두 진행될 수 있도록 공간 배치도 알차게 해야 한다. 이런 것들이 집약돼 완성된 세트에 조명이 입혀지고 카메라 앵글이 더해지면 TV로 보는 멋진 무대가 탄생하는 것이다.

방송 스튜디오의 또 하나의 특징은 쉽게 짓고 쉽게 허물 수 있어야 한다는 것이다. 프로그램 개수에 비해 스튜디오의 개수는 턱없이 부족하기 때문에 여러 프로그램이 하나의 스튜디오를 공유한다. 그래서 방송이 끝나면 세트를 완전히 철거했다가 다음 방송을 할 때 다시 세트를 세우는 경우가 다반사다. 그래서 방송국 복도에는 TV에 방영 중인 프로그램 세트가 잘게 분해돼 켜켜이 쌓여 있는 풍경을 어렵지 않게 볼 수 있다.

디자이너나 무대감독의 근무시간도 대중이 없다. 스튜디오 비는 때가 작업 시간이고 프로그램 타이틀이 돌면 쉬는 시간이다. 그러나 쉴 때도 마냥 마음 편히 앉아 있을 순 없다. 세트가 화면에 이질감 없이 나오는지 모니터하고, 만약 무대 뒤편에 위험한 곳이 있다면 누군가 다치진 않을까 노심초사 지켜본다. 또 드라마 세트팀의 경우 지난주 녹화 때와 가구나 소품의 위치가 바뀌진 않았는지 끊임없이 체크해야 한다. 만약 지난 회에 있던 꽃병 하나만 없어져도 눈썰미 좋은 시청자에게 딱 걸려 '옥의 티'로 남기 때문이다.

방송국의 불은 꺼질 줄 모르고, 스튜디오는 24시간 공사 중이다. 그 안에서 밤을 잊은 채 구슬땀을 흘려주는 세트팀이 있기에 시청자는 늘 새로운 이야기를 만날 수 있는 것이다.

동심을 연기하는 배우
탈 인형 연기자

과거 한 어린이 프로그램에서 일할 때였다. 당시 조카가 4살 정도 됐었는데 그 프로그램에 출연하는 탈 인형을 상당히 좋아했었다. 조카는 내가 퇴근만 하면 달려와서 "누구누구랑 잘 놀다 왔어?"라고 물을 만큼 탈 인형이 실제 살아 있다고 믿었다. 그런 조카가 너무 귀여워 직접 보여주려고 방송국에 데려간 적이 있다. 견학신청을 하고 녹화장에 들어서며 조카가 곧 인형을 만나면 좋아하겠지? 생각했었는데, 예상치 못한 상황이 벌어졌다. 마침 쉬는 시간이라 탈 인형 연기자가 잠시 머리 탈을 벗어 놓고 땀을 닦고 있었는데, 그걸 조카가 목격한 것이다. 어른 눈에야 땀 뻘뻘 흘리는 연기자가 쉬는 모습이지만, 4살 인생에서는 인형 친구의 목이 떨어져나간 충격적

116

인 장면이었을 것이다. 아이가 놀라서 울먹이자 인형 연기자가 얼른 머리 탈을 쓰고 다가와 "나는 괜찮아"하며 안아줘서 위기는 넘겼지만, 아이 눈높이도 못 맞추면서 어린이 프로그램을 만든다고 했나 싶어 미안한 마음이 들었었다.

꼬마들이 고맙게도 깜빡 속아주는 탈 인형은 사실 어른들의 노력이 만들어 낸 존재이다. 그 귀여운 모습 안에는 무거운 탈을 쓰고 연기하는 연기자가 있는 것이다. 겉에서 보기엔 전신에 탈을 쓰는데 무슨 연기가 필요하겠냐 싶겠지만, 탈 인형은 상당히 세심한 연기가 필요한 전문분야다. 탈 연기는 성우 목소리에 인형이 몸 연기를 더하는 형식으로 진행된다. 이때 동작은 크고 과장되게 하면서도 진짜 사람처럼 보이도록 자연스러운 애드리브도 추가해야 한다. 그래서 언뜻 보면 탈 인형이 성우를 따라가는 것 같지만 자세히 보면 탈 인형과 성우가 티키타카 하면서 호흡을 맞춰야만 자연스러운 연기가 완성되는 것을 알 수 있다.

최근 남극에서 온 10살짜리 펭귄 연습생(탈 인형) 펭수가 크게 인기를 얻었다. 이 탈 인형의 놀라운 점은 성우가 따로 없이 스스로 목소리 연기를 한다는 점이다. 과거 탈을 쓴 채, 대사를 하면 소리가 '웅웅' 울리던 기술적 단점을 보완한 것이다. 직접 마이크를 차고 연기를 하니 애드리브도 더 찰지고 연기도 더 재치 있어 보인다. 탈 인형계의 '신인류(新人類)'인 셈이다. 진짜 사람으로 착각하게 만드는 이 펭귄의 인기가 높아지면서 그 안에 연기자가 누구인지도 관심이 모아진다. 하지만 탈 인형은 그 자체를 생명으로 믿어 주는 것이 더 오래 즐길 수 있는 방법이다. 때로는 모른 척해 주는 미덕이 더 큰 행복을 가져다주는 법이다.

ON AIR

방송국의 올빼미들
외신 모니터

밤늦게 퇴근할 때나 새벽에 출근할 때면 방송국 로비에서 종종 마주치는 사람들이 있다. 처음에는 "이 시간에 누구지?" 의문이 들었고, 국제부 쪽에 앉는다는 걸 안 후엔 "무슨 일을 하는 사람이지?" 궁금했던 사람들, 바로 '외신 모니터'이다.

우리가 잠들어 있는 동안에도 지구는 잠들지 않고 끊임없이 뉴스를 쏟아낸다. 이 뉴스들은 각 나라 방송이나 통신사를 통해 우리나라 방송국으로 송신되는데, 외신 모니터 요원들이 바로 이 해외 뉴스를 기자나 PD들이 쉽게 사용할 수 있도록 정리해주는 역할을 한다.

예를 들어 일본에 태풍이 강타했거나 지진이 발생했다고 가정해

보자. 지진으로 건물이 흔들리고 도시 전체가 정전되는 영상이 들어 올 수 있다. 또 태풍이 강타하면 강풍에 트럭이 넘어지는 생생한 그림이 수신될 수도 있다. 이 그림들을 외신 모니터 요원들이 언제 어떤 영상이 수신됐는지 꼼꼼하게 기록해 두면 기상 특보 등을 할 때 요긴하게 찾아 쓸 수 있게 되는 것이다.

외신 모니터의 업무가 '정리'에만 그치는 것은 아니다. 주요 장면의 설명을 붙여 놓거나, 수신 영상 중에 인터뷰가 있을 땐 '그 사람이

이런저런 말을 하더라' 요약도 해 놓는다. 글자나 사진 몇 컷으로 프로그램을 만들어야 하는 제작진에겐 친절한 조력자인 셈이다. 이런 업무의 난이도 때문에 외신 모니터 요원은 영어, 일본어, 중국어 등 주요 국가 언어를 모국어 수준으로 구사해야 한다. 특히 시사용어를 실수 없이 번역할 수 있도록 뉴스도 꼼꼼히 챙겨보는 전문성을 갖추고 있어야 한다.

한편 우리나라 정세상 꼭 필요한 모니터 요원도 있다. 바로 북한 조선중앙TV를 모니터하는 '북한 모니터 요원'이다. 김정은 위원장 동향 등 북한이 중요하게 생각하는 보도는 보편적으로 오후 3시쯤 방송된다. 그러나 한반도 정세에 영향을 미칠 주요 성명은 예고 없이 기습 발표하기 일쑤다. 때문에 북한 모니터 요원들은 조선중앙TV를 항상 주시하고 있다가 속보 등이 발생하면 관련 영상을 제작진이 쓸 수 있도록 제공한다.

여러 번 말했지만, 방송은 협업이다. 연예인 한 사람이 잘 나서, PD 한 명이 능력이 뛰어나다고 잘 될 수 없다. 카메라 뒤에서 보이지 않게 움직이는 수많은 스태프의 땀과 노력이 하나의 결과로 화면에 표출되는 것이다. 방송국이라는 숲에 사는 올빼미처럼 밤낮을 가리지 않고 세계 뉴스를 지켜봐 주는 외신 모니터 덕분에 우리의 시야는 넓고 깊어질 수 있는 것이다.

마음도 통역이 되나요?
동시통역사

봉준호 감독이 아카데미 4관왕을 이루고 금의환향했을 때, 이채롭게 한 통역가가 함께 조명을 받았었다. 전문 통역사는 아니라는데 그녀는 봉 감독의 재치 있는 달변을 '공감의 언어'로 전달하는 능력을 가졌다는 평가를 받았다.

방송에서도 이런 '언어 능력자'들이 활약하는데, 우리가 잘 알고 있는 동시통역사들이다. 영어, 일어, 중국어 등 다른 언어를 한국어 (모국어) 수준으로 구사하는 이들은, 언어의 장벽을 뛰어넘어 세계의 뉴스를 시청자에게 선사하고 있다.

동시통역사가 방송에서 본격적으로 주목받기 시작한 건 전쟁 때문이었다. 과거 걸프전이 발발했을 때 미국을 비롯한 세계 방송사들은 야간 공습에서부터 전투기의 폭탄 투하 장면까지 생생한 전쟁 상황을 그대로 생중계했다. 당시 국내 방송사들도 지구 반대편에서 벌어지는 전쟁 상황을 전달했었다. 시청자는 동시통역사가 해설해 주는 영상을 보며, 안방에서 전쟁 상황을 직접 체험할 수 있었다.

방송에서 동시통역사의 활약이 더욱 빛을 발하는 순간은 국가 간 정상회담이 열릴 때다. 정상회담에선 두 나라의 운명을 좌우할 큰 결정이 내려질 가능성이 크기 때문에 모든 순간 귀를 열고 회담 상황을 예의 주시해야 한다. 이때 투입되는 동시통역사 역시 공인된 실력을 갖춘 사람들로서 그 어느 때보다 철저한 준비를 한다.

먼저 회담 의제에 관한 전문 지식 익히기가 기본이다. 북핵 관련 회담이라면 군사용어를, 경제 관련 회담이라면 두 나라 무역 현황까지 꼼꼼히 파악해 둔다. 정상들의 특성을 알아 두는 것도 필요하다. 정상마다 언어 습관이 독특하다던가, 그들만의 유머 방식이 있다면 통역에 활용해야 할 순간이 꼭 오기 때문이다. 기술적 점검도 빼놓을 수 없다. 제3 국가에서 회담이 열리는 경우, 간혹 엉뚱하게 그 나라 언어가 오디오로 들어오는 경우가 있기 때문이다. 영어 동시통역사가 처음 드는 제3 국가의 언어를 통역해야 하는 황당한 상황이 발생할 수 있는 것이다. 하지만 이런 극한 상황에서도 동시통역사는 미션을 완수하려 사력을 다 한다. 시청자와 세계인의 마음을 잇는 것이 그들의 사명이기 때문이다.

ON AIR

들리지 않아도 들려요
수어 통역사

꼭 필요하지만 감사함을 잊고 사는 것을 '공기 같은 고마움'이라 한다. 방송에도 그런 '고마운' 존재가 있다. 눈길 한 번 주고 무심히 지나치기 쉽지만, 소리를 들을 수 없는 사람들에겐 공기만큼 소중한 그것, 바로 '수어(手語) 방송'이다.

먼저 용어 정리부터 해야겠다. 흔히 '수화'라고 말해오던 청각이나 언어 장애인의 언어는 몇 년 전부터 공식명칭이 '수어'로 바뀌었다. 어엿한 '언어'로 인정받았단 의미다. 따라서 방송 직종에서도 올바른 분류는 '수어 통역사'이다.

수어 통역이 보도 프로그램에 주로 나가다 보니 간혹 '법으로 수어 통역을 꼭 넣게 되어 있는가?' 하는 질문이 들어온다. 답은 '맞다'

이다. 기준이 조금씩 다르지만, 방송사는 전체 편성의 일정 비율을 수어로 통역해야 한다. 그래서 대부분 정확한 정보 전달이 생명인 뉴스에 수어 통역이 배치되는 것이다.

그렇다면 수어 통역을 하는 사람은 자격이 따로 있을까? 방송만을 위한 자격증이 따로 있는 것은 아니지만, 기본적으로 국가공인 수어 통역사 자격증은 꼭 따야 한다. 그렇다면 이들의 방송 모습은 어떨까? 비중과 형식에 따라 좀 다를 수는 있지만, 그 과정은 뉴스를 전달하는 아나운서와 비슷하다. 먼저 출근 전엔 그날의 뉴스를 꼼꼼히 모니터하며 주요 이슈의 흐름을 익힌다. 그래야만 어떤 시사용어가 많이 쓰이는지 트렌드를 미리 익힐 수 있기 때문이다. 그리고 방송 시작 전엔 아나운서와 똑같은 원고를 정독하며 머리 속으로 수어를 정리해 둔다. 동작이 많은 수어는 아무래도 말보다 시간이나 표현에 제한이 있기 때문에 어려운 전문용어는 어떻게 하면 더 쉽고 간결하게 전달할 수 있을지 미리 정리해 두는 것이다. 어쩌면 말로 전달하는 아나운서보다 몇 배의 숨은 노력이 필요하다고 할 수 있다. 이런 수고를 알아보고 "수어 통역 때문에 그 뉴스를 챙겨 본다"는 시청자가 있어서 보람을 느낀다고 한다.

일부 시청자 중엔 수어 화면이 시청을 방해한다고 불평을 하기도 한다. 하지만 소수라도 자막만으로는 방송을 즐길 수 없는 난청 시청자를 위해 수어 통역은 반드시 필요하다. 그래서 수어 통역이 들어가는 프로그램 제작진은 자막이 수어 화면을 가리지 않도록 글씨 크기와 숫자를 조절하고 CG 또한 한쪽을 비우는 배려를 잊지 않는다. 완벽한 방송을 누릴 권리는 모든 시청자에게 공평해야 하기 때문이다.

ON AIR

방송의 한글 지킴이
교열팀

과거 작가 생활을 할 때 후배들 원고 검수를 봐주다 보면 꼭 충돌하는 일이 있었다. 대학을 갓 졸업한 막내 작가들이 자꾸 원고에 느낌표를 3~4개씩 찍어 오는 것이다. 가령 '이럴 수가!'하면 될 것을 '이럴 수가!!!' 하는 식이다. 몇 번 고쳐줘도 나아질 기미가 안 보여서 할 수 없이 "맞춤법을 지키자"는 충고를 하니, "그러면 맛이 안 난다"며 반기를 들었다. 당시 유행하던 컴퓨터 채팅에선 다 쓰는 말인데 왜 자막에선 못 쓰냐는 것이다. '작가'가 그런 소리를 하다니, 한숨이 절로 나왔다.

그런데 요즘은 그때 느낌표 4개는 애교였단 생각이 든다. 물론 방송 자막으로 느낌표 10개쯤은 보통으로 나오고, '딥빡(깊이 화가 남)’ ‘브금(배경음악)’ ‘찐성덕(성공한 팬)’ 같은 알지 못할 뜻의 신조어가 넘쳐난다. 어떨 땐 TV를 보다가 자막이 뭔 말인지 몰라 검색을 해야 할 지경이다.

여기에 더 심각한 건 외국어 혼용자막이다. ‘오빠 is 뭔들’ ‘흥 MAX’ ‘LOVE 때림’ 같이 대충 뭔 말인지는 알겠는데, 굳이 영어랑 섞어 써야 하나 의문이 드는 자막이 많다. 거기에 최근엔 아예 ‘알지?’는 ‘RGRG?’ ‘NO’는 ‘ㄴㄴ’로 표기한 자막도 보통으로 쓰인다. 대체 방송 자막인지 SNS 채팅창인지 헷갈릴 정도다.

이렇게 방송이 ‘한글파괴자’가 된 데는 제작진 책임이 크다. 자막으로 잔재미를 주는 것이 시청률에 도움이 되자 너도나도 ‘웃긴 자막’에 몰두하기 때문이다. 재미있기만 하다면야 맞춤법 따위는 뒷전으로 밀려난다. 게다가 인기 있는 자막은 너도나도 베끼기 경쟁도 붙어서 오히려 맞춤법을 지키면 시대에 뒤쳐지는 것 같은 초조함까지 느껴진다.

물론 방송사도 자정 노력을 안 하는 것은 아니다. 일단 심의팀이 있다. 심의부서에서 방송 맞춤법 기준안을 제시하고, 맞춤법 오류는 지적해서 수정하도록 한다. 또 일부 방송국 보도국에선 전문 ‘어문위원’을 두기도 한다. 언론계 종사 경험자나 국어국문학 전공자들로 구성된 어문위원들은 띄어쓰기 하나까지 철저히 모니터링을 해서 맞춤법 오류를 수정토록 한다. 하지만 적은 인력으로 24시간 돌아가는 모든 프로그램을 전수 검사하는 건 한계가 있다. 결국 제작진 스스로가 자막을 한 자 한 자 고민하는 자세가 필요하다. 방송은 채팅창이 아니라 시청자가 세상을 읽는 창이기 때문이다.

영국 해리 왕자와 매건 마클의 결혼식은 전 세계인이 관심이 쏠린, 말 그대로 '세기의 결혼식'이었다. '현실 왕자님'과 '할리우드 신데렐라'의 결혼인 만큼 "웨딩드레스는 어떤 것을 입는다더라" "신부의 아버지가 결혼식에 안 온다더라" 등 갖가지 화제가 쏟아졌다. 그런데 그 와중에 방송 제작진과 교열팀은 뜻하지 않게 호칭 자막을 두고 설왕설래했었다.

마클 왕세손비? 마클 왕세손빈?

한 글자씩 다를 뿐이지만 그 의미가 완전히 달랐다. 또 외국 왕실의 서열까지 따지고 들어가야 하니 좀 더 복잡했다. 하지만 방송 자막으로 정보를 접할 시청자를 생각하면 신중한 정리가 필요했다. 교열팀이 열심히 연구를 해서 답을 내놨다. 해리 왕자는 둘째이니 우리말 표현으로는 '세자(세손)'가 아니다. 세자가 아닌 왕자의 부인은 호칭을 '군부인'으로 한다. 하지만 외국 왕실을 우리식인 '군부인'으로 부르는 건 아무래도 어색하단 의견이 많았다. 결론은 '왕자부인'으로 정했다. 물론 언론사마다 방침이 다를 순 있지만, 방송에선 시청자가 쉽고 정확하게 의미를 이해하도록 탄력적으로 적용하는 것이 우선이다. 그래서 교열팀의 정리에 따라 '왕자부인'으로 전파를 탔다.

반면 '탄력 적용'을 하지 않는 경우도 있다. 워낙 TV에 자주 등장해서 우리에게도 익숙한 북한 아나운서 리춘히. 북한이 우리에게 경고를 할 때마다 나타나 무시무시한 목소리를 뽐내는 그녀의 이름이 어느 날부터 '리춘희'에서 '리춘히'로 표기되고 있었다. 처음에는 '희'의 오타인 줄 알았다. 이름에 '히'자가 쓰이는 게 생소했기 때문이다. 그런데 북한에선 왕왕 이름에 '히'자를 쓴다고 한다. 우리 시청자에겐 낯선 표기라 굳이 북한식을 적용할 필요가 있을까 고민이 있었지만, 이름만큼은 고유명사이니 북한 표기대로 '리춘히'로 자막에 표기하고 있다.

이렇게 원칙을 적용할 수 있다면 교열팀이나 제작팀 모두 고민이 적다. 하지만 방송 자막은 원칙과 맞춤법 말고도 트랜드를 놓치지 말아야 하는 숙제가 있다. 그래서 세간에 유행하는 신조어가 있다면 부지런히 학습해 따라잡아야 한다.

그러나 아무리 열린 마음이라도 머리가 복잡해질 때가 있다. 얼마 전 한글날에 있었던 일이다. 한글날 특집으로 '급식체'를 알아보는 구성을 넣자고 하니 막내 PD가 예시를 하나 든다. "남친 때문에 갑분싸해져서 혼코노 가서 룸곡 높 흘렸어" 아니 이게 무슨 말인가. 뜻을 풀어보면 "남자친구 때문에 갑자기 분위기 싸해져서 혼자 코인노래방 가서 폭풍눈물 흘렸어"가 된단다. 싫증을 잘 내는 젊은 세대니 아직도 이 말을 쓰는지는 모르겠다. 아무리 금방 사라진다

해도 이 '급식체'를 모르면 청소년들과 당시엔 소통이 어렵다니 눈여겨봐 두긴 했다.

　방송 언어가 유행만큼이나 신경 써야 할 것이 '쉬운 말'이다. 아무리 좋은 내용을 담고 있어도 말이 어려우면 시청자의 공감을 얻는데 실패할 수밖에 없다. 특히 시사보도 제작진에게 이 고민이 깊은데, 시사용어를 쉽게 풀어 쓰는 게 녹록하지 않기 때문이다. 가령 '빌려준 돈 받는 법'이란 실생활 정보를 준다고 해놓고 채권자, 채무자, 변제기일, 채권추심 등 전문용어가 난무한 프로그램을 만들면 시청자는 하품부터 할 것이 뻔하다. 설명할 때만큼은 돈 빌려준 사람과 빌려간 사람, 돈 갚아야 할 날짜 등 최대한 쉬운 말을 써야 조금이라도 더 시청자를 붙잡아 둘 수 있다. 막 중학교 들어간 학생도 알아들을 수 있도록 눈높이를 맞춰야 한다.

　언어는 살아 움직인다고 한다. 처음에 등장할 때 낯설기만 한 신조어도 대중이 많이 또 오래 사용한다면 그 말로 소통하는 게 더 쉬울 때도 있다. '남친' '여친' '공시생'처럼 보편화된 줄임말 정도는 종종 뉴스에서도 써야 할 때가 있다. 그때마다 '맞춤법이 안 맞는데 어쩌지…'하는 죄책감과 '이게 더 이해가 쉬우니까…'하는 자기 합리화 사이를 오간다. 유행에 뒤처지지 않으면서도 언어의 품격을 지켜내는 것, 이것이 제작진과 심의팀, 교열팀이 함께 공부해야 할 과제이다.

'착한' 방송의 파수꾼
심의팀

"XX! 아이 XXX, 아휴 XXX!"

무슨 외계어인가 싶겠지만, 실제 뉴스에 방영된 한 음성 녹취 자막이다. 음주운전 뺑소니 피의자가 차안에서 외친 말인데, 도망가는 와중에도 저런 욕설을 피해자에게 내뱉어 공분을 샀었다. 도저히 저 욕설을 그대로 방영할 수 없어서 음성은 '삑' 소리로 덮고 자막은 'X'로 처리를 하다 보니 외계어가 돼 버렸다.

어디 그뿐이랴. 이름만 대면 알만한 대기업 사모님이 내뱉은 거친 말과 그의 딸이 회사에서 내지른 괴성 역시 방송 불가 수준이라 '삑' 소리와 'X'가 범벅이 된 채 전파를 탔다.

프로그램을 제작하다 보면 '얼굴을 가려야 하나, 말아야 하나'

고민이 되는 순간이 있다. 가깝게는 전화 인터뷰를 한 사람이 사건 당사자를 '얘, 쟤, 그노마(그놈)' 등 하대해 부르는 경우가 있다. 상대방의 인격을 생각해 되도록 묵음이나 '삑' 소리로 처리해 방영한다.

이보다 더 난감한 것은 불쑥 튀어나오는 범죄 관련 용어다. 칼, 망치, 빠루(배척, 큰 못을 뽑는 연장) 등 범행 도구를 불시에 말하거나, 피해자가 어디를 어떻게 몇 번 찔렸는지 너무 상세하게 묘사할 때가 있다. 이는 시청자에게 지나친 공포감을 줄 수 있기에 역시 해당 부분을 잘라 내거나 '삑' 처리한다.

이런 결정을 할 때 제작진이 의논하는 상대가 심의팀이다. 심의팀은 '방송심의에 관한 규정'을 근거로, 방송 내용의 공공성과 공정성 그리고 건전성 등의 가이드를 제시한다. 심의팀은 방송 내용 모니터 이외에도 방송 언어 검수, 시청자 의견 취합 등 방송 전반을 살펴보는 파수꾼이다. 제작진이 재미나 시청률을 위해서, 또는 순간적 판단 오류로 범할 수 있는 규정 위반을 심의팀이 감지해 경고음을 울려주기도 한다.

심의팀과 제작진이 고민하는 사안 중에 제일 까다로운 것이 '사람'이다. 중대 범죄의 경우 경찰이 위원회를 열어 피의자의 신상 공개 여부를 결정하지만, 그렇지 않은 대부분의 경우에는 각 방송사가 사안에 따라 얼굴과 이름 공개 여부를 결정한다. 그런데 이때 '어떤 잣대로 결정하느냐' 하는 시비가 붙을 가능성이 있다.

세상을 떠들썩하게 만든 재벌 3세 마약 사건의 경우엔 '왜 얼굴을 공개 안 하느냐?'는 비판이 쏟아진 적이 있다. 특히 SNS에 명품을 두르고 돈도 척척 쓰는 영상을 자주 올리고, 한류스타의 연인으로 이미 얼굴이 알려질 대로 알려진 인물인데 굳이 방송에서 가려주는 이유가 뭐냐는 것이다. 일종의 특혜 논란이다. 물론 제작진도 고민이 깊었다. 하지만 최종적으론 공인이 아니라고 판단했다. SNS에 본인이 직접 사진을 올리긴 했지만, 그것은 개인 활동일 뿐 공적인 활동은 아니다. 게다가 혐의를 부인하고 있다면 법정 다툼도 예상되니 '무죄추정의 원칙'에 따라 가장 보수적으로 얼굴을 공개하는 것이 맞다고 판단했다.

얼굴도 가리고 음성도 변조하고. 우리나라 뉴스는 외국에 비해 가리는 것이 너무 많아 답답하다는 의견이 있다. 실제로 해외뉴스에선 범인 얼굴이 모자이크 처리 없이 방영돼 시청자 입장에서는 궁금증이 풀리는 측면이 있다. 제작진의 입장에서도 '이렇게까지 가려줘야 하나' 싶은 순간도 없지는 않다. 하지만 순간의 호기심보다는 인권이 먼저 한다는 건 제작진과 심의팀이 지켜야 할 기본이다.

친구와 그녀의 네 살짜리 아들을 만났을 때다. 잘 놀다가도 어린 아이라 그런지 자주 고집을 피우곤 했는데, 엄마가 제지하는 말을 할 때마다 '싫다'는 표현으로 갑자기 엄마 목을 조르는 시늉을 했다. "왜 저러냐"고 물으니 "TV에서 어떤 아저씨가 '조용히 해!'라며 목을 조르는 장면을 본 이후로 저런다"는 것이다. 방송 프로그램을 만드는 사람으로서 깊은 책임감이 느껴지는 순간이었다.

TV에 나오는 특정 정보나 장면을 그대로 따라 하는 사람들이 생각보다 많다. 만화영화에서 우산을 들고 낙하하는 장면이 나오면 높은 곳에서 따라서 뛰어 보는 아이들도 적지 않다. 그래서 제작진도 시청자에게 악영향을 끼칠 것으로 우려되는 내용은 각별히 조심해야 한다. 하지만 '따라 하지 마시오'라는 경고 자막만으로는 해결되지 않는 위험이 여전히 존재한다. 그래서 이를 막기 위한 최소한의 가이드라인을 정해 놓은 것이 '방송심의에 관한 규정'이다.

강력 범죄의 흉기나 수법 등을 너무 자극적으로 다루지 않고, '미투' 사건 역시 혹여 2차 피해가 발생하지 않도록 상황 묘사와 피해자 노출에 각별히 주의해야 한다. 간혹 '이러저러한 일로 2차 피해가 발생했다'며 구체적인 묘사를 했다가 되레 방송이 2차 가해를 하는 셈이 되는 경우도 있다. 꼭 심의 때문이 아니더라도 2차 가해자가 되지 않도록 조심 또 조심해야 한다.

하지만 이런 사항을 다 지키다 보면 소위 'MSG 빠진 음식'처럼 방송이 밋밋해지고, 인터넷 방송 등 자극적인 내용에 익숙해진 시청자를 사로잡기가 점점 더 어려워지는 것도 사실이다. 그래서 제작진은 심의 규정에 위배 되지 않으면서도 시청률을 잡을 수 있는 아이디어를 짜느라 날마다 몸부림을 친다.

선거보도의 생명은 '균형'

프로그램마다 다양한 심의 기준이 적용되지만 정치 뉴스의 경우는 균형과 가짜뉴스 방지에 초점을 둔다. 특히 선거를 앞두고는 더욱 촘촘한 심의가 가동된다. '선거방송심의에 관한 규정'이 따로 있기에 심의팀도 촉각을 곤두세우고 세세히 방송을 챙긴다. 각 정당 후보자 모두에게 공평한 기회를 주고 있는지, 잘 못 된 여론조사나 미확인 정보가 특정 후보에게 불리하게 보도되는 것은 아닌지 엄격히 모니터링을 한다.

뉴스 제작진도 신경 쓸 일이 많아진다. 선거 기간에는 그림 한 장, 영상 한 컷, 인터뷰 노출 시간까지도 '균형'을 맞춰야 하기 때문이다. 선거 기간엔 아이템 회의 풍경마저 다른 때와 사뭇 다르다. 평상

시엔 그저 "이 아이템이 재밌을까?" "시청률에 도움이 될까?" 이런 고민만 했다면, 선거 기간엔 그럴 수 없다. "상대 후보 측엔 무슨 이슈가 있지?" "반론은 나왔나?" 같은 '균형'에 초점이 맞춰진다. 만약 특정 후보에게만 유리 또는 불리해서, 상대 후보들과 형평을 맞출 수 없다면 아무리 시청률이 탐나도 그 아이템은 재고해야 한다.

방송 준비를 하면서도 체크해야 할 것이 많아진다. 평소라면 재밌는 영상이나 녹취를 마음껏 사용했겠지만, 선거기간에는 그럴 수 없다. 후보별 인터뷰나 자료영상 노출 시간도 '균형'을 맞춰야 한다. 가령 한 후보의 인터뷰가 20초 나갔다면, 상대 후보의 인터뷰도 그와 비슷한 분량으로 당일 방송에 배치한다. 이 때문에 편집자끼리는 "그 후보 인터뷰 몇 초 나왔어?"라는 질문을 제일 많이 주고받게 된다.

심지어는 뉴스 자료화면 속 후보들 의상까지 신경 쓴다. A 후보는 기호가 새겨진 점퍼를 입고 나와 일정을 소화하고, 상대 B 후보는 그렇지 않았다면 화면을 키워서라도 한쪽 기호만 노출되지 않도록 처리를 한다.

선거기간에는 제작진도 심의팀도 '기계적 균형'을 맞추기 위해 노력하다. 영상이나 인터뷰 노출 시간뿐 아니라, 유세 현장의 관중 분위기나 후보의 표정까지 모든 곳에서 기계처럼 균형을 맞추자는 의미다. 유권자의 선택은 동일한 조건에서 이뤄져야 하기 때문이다.

아무리 조심해도
지나치지 않다

한밤에 심상찮은 실시간 검색어가 올라온 적이 있다. '이수역 폭행'. 뭔가 논란의 서막이 올랐음이 직감됐다. 아니나 다를까 두 무리의 남녀가 얽힌 폭행 사건이 점점 성(性)대결 양상을 보이며 파장이 커져갔다. 거기다 다툼 상황을 찍은 영상까지 공개되며 사태가 일파만파 증폭됐다. 언론에서도 앞다퉈 보도하기 시작했는데 이럴 때 '아차!' 하면 실수가 벌어진다. 보도 경쟁을 벌이다 보면 본질은 사라지고 속칭 '신상 털기'의 빌미를 언론이 제공할 수 있기 때문이다.

요즘 제작진과 심의팀의 큰 화두 중 하나는 '2차 피해 방지'다. 무신경하게 붙인 사건 이름이나 보도 내용에 피해자가 재차 피해를 보는 일이 발생할 위험이 있기 때문이다. 예를 들어 아동성폭행범

'조두순 사건'만 해도 처음엔 피해 아동을 연상케 하는 이름으로 불리면서 범인보다 피해자가 더 세간의 입에 오르내린 적이 있다. 사건 발생 초기의 부주의가 초래한 잘못이다. 그래서 이제는 사건 초기부터 관련자들 호칭 정리부터 한다. 가장 보편적인 것이 김, 이, 박 등 성(姓) 씨만 부르는 건데, 간혹 이것도 곤란할 때가 있다. 아주 특이한 성일 경우 한 번만 들으면 누군지 단박에 알아챌 수 있기 때문이다. 이럴 땐 알파벳을 쓰기도 하는데, 이 역시 J씨, H씨 등 진짜 성의 이니셜이 아니라 알파벳 순서대로 A씨, B씨로 써야 조금이라도 더 신분 노출을 막을 수 있다.

피해자 위치 노출도 걱정이다. 가령 현장 영상을 사용하다 보면 아파트나 빌라 이름이 그대로 노출될 때가 있다. 만약 피해자가 아직 그 동네에 살고 있다면 쉽사리 위치를 알아 낼 수 있게 된다. 아주 멀리 깨알같이 보이는 이름이라도 철저하게 모자이크 처리해야 한다. 또 작은 시골 마을이 사건 현장이라면 동네 이름을 밝히는 것만으로도 피해자를 유추해 낼 수 있다. 그래서 부득이한 경우가 아니라면 사건 현장은 도(道)나 시(市) 정도만 밝히는 게 보통이다.

그런 것까지 다 신경 쓰려면 골치 아프겠다 생각될 수 있다. 하지만 무심코 내보낸 자료화면 한 컷으로도 피해자는 악몽을 떠올릴 수 있다. 무신경해서, 또는 시청률 욕심에 경쟁적으로 보도하다가는 2차 가해자가 되는 건 한순간이다. 조심 또 조심해야 할 이유다.

ON AIR

극단적 선택
보도의 원칙

　심의팀과 제작진이 참 조심스러워하는 방송이 있다. 바로 자살에 관련된 보도다.

　최근 "어디 어디 펜션에서 남녀 몇 명이…"라는 기사 제목만 떠도 "아, 또…"라는 탄식이 나올 만큼 극단적 선택에 관한 보도가 늘고 있다. 나름 냉정한 태도를 유지한다는 제작진도 이런 뉴스만큼은 피하고 싶은 심정이지만, 직업적 숙명 때문에 불가피하게 다뤄야 하는 순간이 반드시 온다. 그럴 때는 '자살보도 권고 기준'에 따라 최선을 다해 조심성 있게 다루려 노력한다.

　먼저 '자살'이란 단어를 방송에선 쓰지 않는다. 앞에서도 언급했듯이 '극단적 선택' 등 순화된 용어를 사용하고, 이마저도 반복을 최대한 자제한다. 또 숨지게 된 과정, 즉 '방법'을 묘사하지 않는다. 투신처럼 장소적 특징 때문에 어쩔 수 없이 밝히는 경우가 아니라면 방법은 함구하는 게 원칙이다. 더불어 사건의 배경이나 이유도 섣불리 추측해선 안 된다. 아무리 유서가 있더라도 망자나 유족이 공개를 원하지 않는다면 호기심을 갖지 않는 것이 예의다.

속보 경쟁 또한 자제돼야 한다. 특히 유명인에게 이런 일이 생기면 대중의 관심은 폭발하기 마련이고, 언론도 지나치게 흥분할 때가 있다. 자칫 예기치 못할 피해가 발생할 수 있는 지점이다. 속보 경쟁 속에 신상이나 주거지가 노출된다면 앞으로도 계속 그곳에서 생활해야 할 유족에게 심각한 타격을 주기 때문이다.

'베르테르 효과'라는 말이 있다. 유명인의 극단적 선택에 동조하는 현상인데, 미디어의 보도가 큰 영향을 준다는 연구 결과가 있다. 방송인으로서 책임감을 무겁게 느껴야 할 이유다. 그래서 극단적 선택을 보도할 땐 꼭 챙기는 자막이 있는데, 우울감 등 말 못 할 고민을 나눌 수 있는 상담 전화번호다. '자막 몇 줄이 얼마나 효과가 있으려나' 일부 회의적인 의견도 있지만 백 번, 천 번의 시도에 단 한 명이라도 도움이 된다면 지치지 않고 챙겨야 할 자막이다.

ON AIR

연예인의 동반자
매니저

방송국 견학을 온 아이들과 종종 이야기를 나눌 기회가 생긴다. 그럴 때면 으레 장래희망이 뭔지 묻게 되는데 예상보다 '매니저가 되고 싶다'고 답하는 아이들이 많다. 요즘 연예인과 매니저가 짝을 이뤄 활약하는 예능 프로그램이 인기를 끌어서인지 부쩍 매니저에 대한 관심도가 높아졌다. 자기가 좋아하는 연예인을 가까이에서 볼 수 있다는 단순한 이유에서부터, 세계를 무대로 활약하는 한류 전문가가 되고 싶다는 포부까지 이유도 제각각이다.

매니저라고 하니 기억 속에 오랫동안 남아 있는 사람이 있다. 예능국 막내 시절 사무실에 앉아 있으면 항상 와서 인사를 하는 젊은 청년이 있었다. 매일 얼굴 도장을 찍으니 처음엔 방송국 직원인 줄 알았는데 나중에 알고 보니 한 신인 여가수의 매니저였다. 자기가 담당하는 가수가 인지도가 낮으니 그렇게라도 대신 PD들에게 눈도장을 받는 거였다. 그는 나이 지긋한 선임 PD에서부터 생면부지 나 같은 어린 사람에게도 가리지 않고 고개를 숙이는 '인사 폭격기'였다. 심지어 주말에도 빠지지 않고 성실하게 나타나 늘 웃는 얼굴로 인사를 했다. 처음엔 저런다고 섭외가 들어올까 싶었는데 시간이 지나면서 결실이 있었다. 갑자기 출연자가 펑크가 난 PD가 '그 매니저, 담당 가수가 누구였지?'라고 기억해 섭외를 하고, 자꾸 인사만 받는 것을 미안해했던 다른 PD도 "그래, 한 번 나와요"라고 인사차 불러주면서 점점 출연 기회가 많아졌다. 이렇게 얻은 기회를 살려 이름을 알리는 건 그 가수의 몫이었지만, 화려한 연예계의 이면엔 그 매니저와 같은 숨은 노력이 있었음을 알게 됐다.

그런가 하면 영화 '라디오 스타'의 박중훈과 안성기처럼 스타와 매니저가 우정을 나누는 경우도 많다. 친하게 지내는 한 유명 성우는 매니저와 20년간 일을 했는데, 중간에 각자의 사정으로 헤어졌다가도 다시 재회해 30년째 의리를 지키며 일을 하고 있다. 30년이면 강산이 세 번이 바뀌는 시간이니, 두 사람에게도 이런저런 우여곡절이 많았다. 그래도 묵묵히 서로를 지켜준 그들은 이제 가족보다 더 속마음을 털어놓는 사이가 됐고, 부침이 심한 연예계 생활에 든든한 뒷배가 돼 주고 있다. 방송가에선 어렵지 않게 볼 수 있는 풍경이기도 한다.

물론 '수익 분배가 불공평하다' '계약 위반이다' 등등 연예인과 매니저가 좋지 않은 결말을 맺는 경우도 간혹 있다. 하지만 매니저는 누가 뭐래도 연예인을 가장 잘 아는 아군이자 마음의 동반자다. 최근 대학에 관련 학과까지 생길 정도로 매니저에 대한 인기가 높아졌다니, 전문성을 갖춘 신진 매니저들이 더 많이 활약해 주기를 기대해 본다.

4장

방송,
그것이 알고 싶다

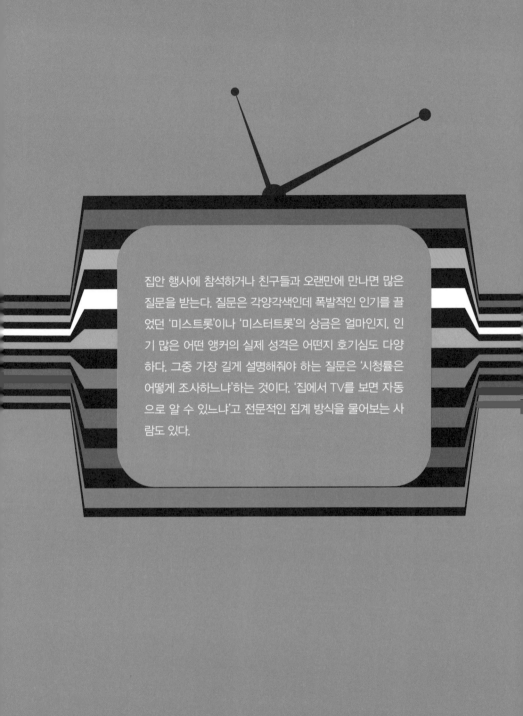

집안 행사에 참석하거나 친구들과 오랜만에 만나면 많은 질문을 받는다. 질문은 각양각색인데 폭발적인 인기를 끌었던 '미스트롯'이나 '미스터트롯'의 상금은 얼마인지, 인기 많은 어떤 앵커의 실제 성격은 어떤지 호기심도 다양하다. 그중 가장 길게 설명해줘야 하는 질문은 '시청률은 어떻게 조사하느냐'하는 것이다. '집에서 TV를 보면 자동으로 알 수 있느냐'고 전문적인 집계 방식을 물어보는 사람도 있다.

⬤ ON AIR

시청률은 어떻게 조사할까?

이야기가 나온 김에 시청률 조사에 관해 몇 가지만 알아보자. 시청률 조사 기관마다 조금씩 다른 방법을 쓰긴 하지만, 일단 일반 가정집에서 TV를 본다고 무조건 시청률이 집계되진 않는다. 일명 '피플미터'라는 기계를 집에 설치해야 한다. 그리고는 가족 중에 누가 TV를 보고 있는지 일일이 그 피플미터에 입력해야만 시청률이 집계된다. 예를 들어 3인 가족이 함께 TV를 본다면 '아빠 버튼, 엄마 버튼, 아이 버튼' 모두 3번을 눌러서 피플미터에 입력한 후 TV를 시청해야 한다. 그러다 만약 아이가 중간에 밖으로 놀러 나간다면 '아이 버튼'을 다시 눌러서 그 프로그램을 시청하지 않고 있음을 피플미터에 입력해야 한다.

　그렇다면 이 피플미터라는 기계는 신청만 하면 아무 집에다 달아줄까? 결론만 말하자면 '아니다'. 시청률 조사에 필요한 기준을 충족하는 가구여야 한다. 한 조사기관은 현재 전국 4200여 가구에 이 기계를 설치해 놓고 시청률을 집계하는데, 한 번 설치하면 4년 동안 패널로 활동할 수 있다.

　그렇다면 혹시 시청률 조사에 참여할 수 없는 사람도 있을까? 역시 답부터 말하자면 그렇다. 만약 가족 중에 방송국에 다니거나, 광고 회사 또는 시청률 조사 기관에 근무하는 사람이 있다면 탈락이다. 내 가족이 다니는 방송국 프로그램만 계속해서 시청하는, 즉 사심 가득한 내부자 조사가 될 수 있기 때문이다. 그래서 조사기관에선 피플미터기를 설치하러 가정집을 방문할 때 혹시 집안에 방송국 시계나 상패 같은 게 없는지 꼼꼼하게 살펴본다고 한다. 공정한 패널을 선정하기 위한 일종의 치밀한 첩보 작전이 펼쳐지는 것이다.

마지막으로 제일 궁금할 수 있는 문제, '보수'는 얼마나 받을까? 앞서 설명했듯이 TV를 볼 때 마다 번거로운 버튼 조작도 해야 하고, 까다로운 선정 과정도 거쳐야 하는데 과연 수고비는 두둑하게 받을까? 이 역시 시청률 조사기관에 물어보니 별도의 보수는 없고, 전기료와 통신료 일부를 보조해 준다고 한다. 방송 발전에 기여한다는 상징적 의미가 더 크다는 뜻 아닐까 싶다. 이렇듯 시청자가 수고를 마다하지 않고 집계해준 시청률이기에 방송 제작에 더욱 소중하게 써야겠다는 생각이 든다.

ON AIR

해외 뉴스는
왜 다 똑같은가요?

    미국에서 새로운 대통령 선거가 치러질 때다. 태평양 건너 일이지만 전 세계에 미칠 영향을 생각한다면 관심이 클 수밖에 없는 뉴스다. 당연히 방송사들도 몇 주 전부터 특별 생방송을 편성하고 준비에 돌입한다. 그런데 이렇게 애써 준비를 해도 일부 시청자는 "왜 해외 뉴스는 내용도 화면도 모두 똑같냐?"며 불만을 토한다.

    해외 뉴스로 특색 있는 방송을 만드는 데는 한계가 많다. 일단 해외 뉴스는 그림, 즉 영상 차별화가 힘들다. 어느 나라 뉴스냐에 따라 다르지만 대체로 AP, 로이터, CNN 등 몇 업체와 계약해서 관련 영상을 받는다. 다른 업체 영상이 아무리 좋아도 함부로 쓰면 안 된다. 꼭 계약된 업체 그림만 써야 한다. 이것이 저작권 위반이기 때문

150

이다. 그나마 여유가 있는 방송사는 여러 업체와 계약을 맺어 입맛에 맞는 영상을 골라 쓰지만 그것이 여의치 않다면 선택지는 좁아진다. 그러니 시청자 입장에서는 아무리 채널을 돌려도 같은 영상이 나오는 것 같은 느낌이 들 수 있다.

동시통역도 차별화가 녹록치가 않다. 미국 대선처럼 장시간 방송을 해야 할 경우, 동시통역사는 대부분 2인 1조로 투입된다. 이 두 사람이 릴레이 하듯 몇 분 단위로 번갈아가며 통역을 하는데 언뜻 들으면 한 사람처럼 들린다. 이는 시청자가 이질감을 크게 느끼지 않도록 동시통역사 말투가 어느 정도 표준화가 돼 있기 때문이다. 그러니 성별이 다르지 않다면 한 방송사가 달라도 확연히 차이를 느끼기가 쉽지 않다.

그나마 최근 치러진 미국 대선 특보에선 '실시간 동시통역자막', 일명 '오픈자막'이 서비스 돼 눈길을 끌었다. 동시통역사가 "다음 격전지로 가보겠습니다"라고 통역을 하면, 거의 동시에 '다음 격전지로 가보겠습니다'라는 자막이 뜨는 것이다. 정확도가 상당히 높아서 자동 음성인식 시스템인지 궁금해하는데, 결론부터 말하자면 '아직은 아니다'. 동시통역사의 말을 속기사가 받아쳐 자막으로 송출하는 것이다. 물론 방송가에도 4차 산업의 영향으로 AI 기술이 도입되고 있으니 이 분야에도 'AI 동시통역'이 도입될 날이 멀지 않은 듯하다.

다시 본론으로 돌아가서 이 '오픈자막'을 방송사마다 얼마나 가

독성 있게 표출했느냐가 최근 방영된 미국 대선 특보의 차별점이 됐다. 그래서 제작진은 자막 디자인부터 속기사 선정까지 까다로운 사전 작업을 거쳐야 했다. 어떤 한계 속에서도 끝까지 조금이라도 색다른 방송을 만들어 내는 것이 방송인의 자세이기 때문이다.

ON AIR

맛집 소개해주면
돈 받나요?

서울에서 유명한 냉면집에 갔을 때 일이다. 워낙 이름난 맛집이라 지방에서 올라온 사람들도 꽤 있었는데, 그 '원정식객'들의 맛 평가가 예사롭지 않았다. 'TV에 나온 어느 냉면집은 육수에서 조미료 맛이 났다'든가 '맛도 그저 그런데 불친절하기까지 해서 불쾌했다'든가 '누구누구 연예인이 소개한 집은 다 별로다'까지 혹평이 이어졌다. 맛집 프로그램 홍수 속에 시청자의 수준이 전문가급으로 격상됐다는 판단이 들었다.

'전 국민이 맛 칼럼니스트'라는 말이 있을 정도로 시청자의 맛집 평가는 냉정해졌다. 제작진도 맛집은 늘 평균 이상 시청률이 나오는 '탐나는 아이템'이지만 그만큼 검증이 힘들단 애로가 있다. 진짜 맛집 찾기가 점점 더 어려워졌기 때문이다.

맛집의 옥석을 가리는 데는 "정말 맛집일까?"하는 의구심이 출발점이다. 맛이란 사람마다 기준이 다르므로 보편적인 인정을 받고 있는지 꼭 검증을 해봐야 한다. 촬영하기 전에 인터넷 후기를 찾아보고, 기사에 달린 댓글도 샅샅이 뒤져보는 등 평판 조회를 꼼꼼히 해야 한다. 하지만 가끔 방문 후기인 척 섞여 있는 업소 광고도 있기 때문에 이런 글만 믿고 촬영을 나갔다간 낭패를 보기 십상이다. 그래서 '암행 시식'은 필수 코스다. 본 촬영 전에 제작진이 손님인 척 직접 매장을 찾아가 보는 것이다. 그러면 음식의 맛과 질을 직접 체험할 수 있고, 주변 테이블 손님들의 반응도 체크해 볼 수 있다. 요즘 말로 '찐 맛집'인지 조금은 더 확실히 가려낼 수 있는 것이다.

특히 암행 시식단이 눈여겨봐야 할 것이 '친절'이다. 방송을 탄 후에 손님이 밀려와도 평소 같은 음식과 서비스를 제공할 수 있는지 가늠해봐야 한다. "TV 보고 찾아갔더니 맛도 서비스도 형편 없더라"는 혹평은 바로 이 지점에서 발생하기 쉽기 때문이다. 방송을 믿어 주는 시청자를 위해서 제작진도 책임감을 가지고 챙겨야 한다.

맛집 프로그램 제작진이 많이 받는 질문 중 하나가 '그 집 소개해주면 돈 받느냐'는 것이다. 결론부터 말하자면 안 받는다. 단, '진짜' 맛집 프로그램이라면 말이다. 간혹 협찬을 받아 제작되는 프로그램도 있는데, 그럴 때 반드시 협찬임을 밝혀야 한다. 만약 돈만 준다면 표시 안 나게 감쪽같이 홍보해줄 수 있다고 접근하는 사람들이 있다면 사기일 가능성이 높다.

방송국으로도 "돈 주면 출연시켜 준다는 사람들이 왔었는데 진짜냐?"는 문의 전화가 가끔 온다. 절대 믿지 말고 돈 주면 안 된다고 안내하지만, 혹시 그 말을 믿는 다른 가게가 있을까 봐 걱정이다.

진정한 맛집은 제작진이 TV에 방송을 해줘서 맛집이 되는 것이 아니다. 손님에게 먼저 인정을 받으면 제작진이 찾아가 "제발 방송하게 해 달라"고 사정을 하는 것이 '진짜' 맛집이란 걸 꼭 기억했으면 좋겠다.

ON AIR

이상한 그래픽은
왜 자꾸 쓰나요?

생각하기 싫지만, 생방송을 제작하다 보면 부지불식간에 방송 사고가 발생할 때가 있다. 한 예로 과거 어느 방송국에서 앵커멘트 배경 그래픽에 우리 대통령 얼굴과 인공기가 함께 배치돼 나간 방송사고가 있었다. 의도가 무엇이었든 큰 오해를 일으킬 수 있는 잘못 된 이미지였다. 그런데 그 방송국에서 또 며칠 후에 한 인터넷 커뮤니티에서 악의적으로 만든 전직 대통령 이미지를 사용해 물의를 빚었다. 결국 보도 책임자가 보직 해임되는 사태를 바라보며 아마 대부분의 방송 제작진은 간담이 서늘했을 것이다. 아무리 조심해도 불시에 당하는 교통사고처럼 이런 위험은 늘 도사리고 있기 때문이다.

특정 인터넷 커뮤니티가 악의적으로 만든 합성 이미지는 제작진에겐 지뢰와 같다. 사고를 냈다는 자괴감에 몸부림치면서도, '왜 사전에 걸러내지 못하느냐'는 가혹한 질책까지 감당해야하기 때문이다. 변명을 조금 하자면 그 합성 이미지들은 사고가 난 후에 들여다 봐도 헷갈릴 정도로 교묘하다. 일부 합성은 어찌나 정교한지 그 쓸데없는 디테일에 어처구니가 없을 정도다.

물론 제작진도 손을 놓고 있는 것만은 아니다. 과거 '범죄와의 전쟁'이 있었다면 방송가엔 '합성 이미지와의 전쟁'이 있다. 일단 인터넷 검색 금지령을 내렸다. 그래픽에는 기관이나 기업 등의 로고(CI)가 많이 들어간다. 근데 이곳이 바로 악성 합성 이미지를 만드는 사람들의 놀이터이기도 하다. 인터넷 검색으로 나오는 이미지 중간에 본인들이 만든 합성 이미지를 섞어 놓으면 많은 사람을 속일 수 있고, 여기에 화질까지 좋다면 부주의한 방송 제작진까지 골탕 먹일 수 있기 때문이다. 그러니 인터넷 검색으로 나오는 이미지는 믿을 수 없다. 꼭 해당 기관의 공식 홈페이지를 찾아 들어가서 정식으로 제공하는 이미지 파일만을 사용하도록 규정하고 있다.

방송국 내부에서 '공개수배'로 대응하기도 한다. 가장 교묘하게 만든 합성 이미지들을 모아 포스터로 만든 후 보도국 곳곳에 붙여 놓고 수시로 눈에 익히는 것이다. 제작진의 입장에서는 피해가 범죄 수준이니 '공개수배 전단'처럼 의지를 가지고 지켜본다. 그러다 조금이라도 비슷한 이미지가 걸리면 바로 색출하는 것이다.

　이런 부단한 노력에도 불구하고 악성 합성 이미지를 만드는 자들은 끊임없이 자기 복제와 변신을 거듭한다. 그래서인지 요즘도 교묘한 합성 이미지에 사고가 났다는 소식이 종종 들린다. '불순한 저의가 있는 것 아니냐'는 억울한 오해를 받곤 하지만 방송사고의 책임은 온전히 제작진의 몫이니 변명하지 않고 비난을 감수한다. 오늘도 방송가는 '합성 이미지와의 전쟁'이 계속되고 있다.

자료화면은
어떻게 찍나요?

"텔레비전에 내가 나왔으면 정말 좋겠네, 정말 좋겠네"

어릴 때 자주 부르던 동요다. 이렇게 노래로 읊을 만큼 방송에 한 번 나오기도 힘들지만, 뜻하지 않게 등장해 탈인 경우도 가끔 있다. 과거 한 남성이 보도국에 전화를 걸어온 일이 있다. 요구 사항인즉 "어느 자료화면을 지워달라"는 것이었다. 평범치 않은 요청이어서 이유를 물으니 사연인즉 이랬다.

몇 년 전 애인과 놀러갔다가 마침 촬영을 하던 방송국 카메라를 보고 환하게 웃어준 일이 있다고 한다. 선남선녀가 미소 짓는 근사한 그림이니 그 영상이 자주 뉴스 자료화면에 쓰였던 모양이다. 그런데 불행히도 몇 년 뒤에 애인이 사고로 그만 세상을 뜨고 말았다고 한다. 하지만 그 소식을 모르는 방송국에서는 계속 그 영상을 자료화면으로 사용했고, 뉴스에 나오는 그 영상을 볼 때마다 남성은 끝없는 슬픔을 느껴야만 했다. 너무 안타까운 사연에 제작진은 바로 영상을 영구삭제하고 남성에게 위로를 전했다.

방송에 쓰이는 영상을 모두 그때그때 촬영하면 좋지만, 여건상 불가능할 때가 많다. 이럴 땐 불가피하게 자료화면을 쓸 수밖에 없는데 앞서 말한 문제들로 제작진도 고민이 깊다. 특히 귀한 것이 관혼상제 같은 가족이 모두 등장해야 하는 자료화면인데, 이때는 제작진의 집안에 행사가 있을 때 틈틈이 촬영해뒀다가 사용하기도 한다.

자료화면 외에 재연화면도 자급자족할 때가 많다. 부부싸움, 직장 내 성희롱 등 자주 발생하는 뉴스지만 직접 현장을 잡을 수 없는 영상들은 제작진이 직접 재연하기도 한다. 물론 그림자나 짙은 모자이크로 얼굴이 드러나지 않게 편집하지만, 이왕 촬영하는 거 조금이라도 실감 나게 찍기 위해 나름 혼신의 연기를 펼친다. 방송을 위해서라면 연기자로 변신하는 것도 불사하는 이들이 바로 제작진이다.

5장

방송은 열정순이잖아요

REPORTER

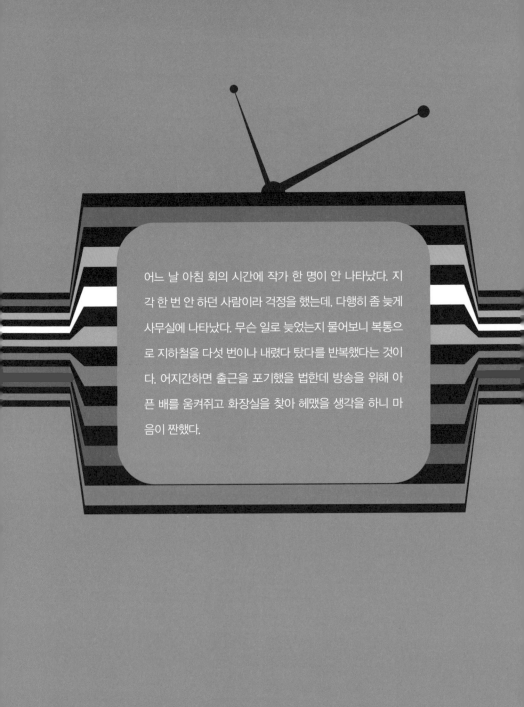

어느 날 아침 회의 시간에 작가 한 명이 안 나타났다. 지각 한 번 안 하던 사람이라 걱정을 했는데, 다행히 좀 늦게 사무실에 나타났다. 무슨 일로 늦었는지 물어보니 복통으로 지하철을 다섯 번이나 내렸다 탔다를 반복했다는 것이다. 어지간하면 출근을 포기했을 법한데 방송을 위해 아픈 배를 움켜쥐고 화장실을 찾아 헤맸을 생각을 하니 마음이 짠했다.

ON AIR

장 트러블도
이겨내야 방송인?

　'아프면 쉰다'는 코로나19 수칙을 보며 쓴웃음 짓는 직장인들이
많다. 아프면 쉬어야 한다는 그 간단한 진리도 실천할 수 없는 사람
들이 많기 때문이다. 방송가는 상황이 더 심각하다. 각자 맡은 분야
가 확실히 구분되는 전문 직종이 많다 보니 '내가 아프면 방송사고
다'라는 절박함이 있다. 특히 생방송 제작진에게 갑자기 오는 복통
같은 것은 거의 공포에 가깝다. 그래서 '화장실에 앉아 있는데 멀리
서 본인 프로그램 타이틀 음악이 들려오는 악몽'을 꾸는 방송인이
부지기수다. 그럴 땐 꿈인데도 영락없이 '방송 펑크 냈구나' 싶어 가
슴이 철렁하고 깨고 나서는 꿈이란 사실에 눈물이 나올 만큼 안도
감이 느껴진다.

그러면 실제 생방송 중에 위급 상황이 오면 어떨까? 드물지 않게 방송 중에 코피가 나거나, 의자가 밀려 쓰러져 다치거나, 갑자기 화장실에 가겠다는 출연자가 있다. 녹화면 당연히 끊고 대처를 하겠지만 생방송 중엔 정말 난감하기 짝이 없는 상황이다. 그나마 앵커나 출연자가 여러 명일 땐 카메라를 다른 사람에게 돌리고 얼른 조치를 취할 수 있다. 그런데 가장 난감한 것은 앵커나 출연자가 한 명일 때다. 카메라는 갈 곳이 없고, 생방송은 야속하게 계속 흘러간다. 그럴 땐 얼른 상부에 비상사태를 알리고 가능한 빨리 대체 진행자를 투입해야 한다. 과거 한 방송국 여자 앵커가 급체를 해 땀을 뻘뻘 흘리고 진행을 하다 급하게 생방송에 교체되는 일이 있었다. 본인은 물론이고 제작진까지 얼마나 애가 탔을지 눈에 선했다.

생방송 PD들도 비슷한 위기를 겪는다. 한번 타이틀이 돌면 짧으면 1시간, 길면 2~3시간 씩 꼼짝없이 자리에 앉아 큐 사인을 줘야 하기 때문에 아팠다가는 속수무책이 된다.

몇 해 전 한 후배가 생방송 중에 급성장염증세가 시작돼 크게 고생한 적이 있다. 1시간 넘게 고군분투하다 땀범벅이 돼 내려온 후배에게 "화장실 가고 싶어 어떻게 견뎠냐?"고 물으니 "엉덩이를 접고 진행했다"며 아픈 와중에도 너스레를 떤다. 정말 웃을 수도 울 수도 없는 요즘 말로 '웃픈' 상황이었다. 누구라도 그런 처지엔 그렇게 했을지 모른다는 무언의 공감이 있기 때문이다.

ON AIR

어떤 상황에도
방송국을 지켜라

"한강 둔치가 다 잠겼어!"

과거 여의도로 출근할 때 일이다. 하늘에 구멍이라도 난 듯 비가 퍼붓더니 결국 큰 홍수가 났다. 주변도로도 점점 통제 되고, 넋 놓고 있다간 방송국서 오도가도 못 할 판이었다. 근데 그때도 집에 못 가는 것이 걱정된다기보다 '내일 회사 못 오면 어쩌지?' 하는 출근 걱정이 먼저 들었다. 결국 아침 방송 제작진은 퇴근을 포기하고 회사에서 숙식하며 다음 날 방송을 무사히 마쳤다.

코로나19 상황이 나아질 기미가 보이지 않는다. 방송가도 한 방송사가 초유의 셧다운 사태를 맞는 걸 보며 불안한 나날을 보내는 중이다. 특히 방송은 출연자나 스태프가 여러 회사를 출입하는 경우가 많기에 아무리 한 곳에서 방역에 신경 쓴다고 해도 언제 그 둑이 무너질지 알 수 없다. 그래서 "어느 방송국에 의심환자가 나왔다더라" 소문만 돌아도 접촉한 사람은 없는지 한밤중에 즉시 전화를 돌려 조사를 한다. 무슨 일이 있어도 방송의 셧다운만은 막아 하기 때문이다.

일촉즉발 위기가 코앞에 닥쳤으므로 대책도 준비해야 한다. 방송사마다 천차만별이지만 대부분은 방송국이 폐쇄된다는 가정하에 비상 계획을 세운다. 이때 제일 중요한 건 '어디서 송출(발송)할 것인가' 결정하는 것이다. 세트나 카메라를 들고 나와 야외에 설치해서 진행한다지만, 그 영상을 송출하는 부조종실은 들고 나올 수 없기 때문이다. 이때 유용한 것이 중계차다. 평소 중계차 영상은 부조종실을 통해서만 송출되지만, 아예 부조종실을 거치지 않고 중계차에서 바로 영상을 송출하는 것이다. 중계차만 있다면 이편이 가장 손쉬운 방법이다.

또 다른 방법은 다른 지역의 스튜디오와 부조정실을 빌리는 것이다. 방송국은 아니지만, 방송 시설을 갖춰 놓고 아예 대여를 전문으로 하는 곳들이 있다. 기본 시설은 돼 있으니 통신망만 연결하면 송출이 가능하다. 시청자는 어디서 방송하는지 알 수 없을 만큼 훌륭한 대안이 될 수 있다. 하지만 이런 시설이 많지 않고 비용도 높기 때문에 예약이 쉽지 않다. 게다가 코로나19 같은 전염병은 '언제 터질지, 언제 끝날지' 알 수 없다는 불확실성 때문에 예약 시기를 결정하는 것도 어렵다. 끊임없이 대안을 찾아 놓고, 언제 실행할 것인지 긴장의 끈을 놓지 말아야 한다. 보이지 않는 바이러스와의 긴 전쟁에서 지치지 않는 제작진만이 셧다운을 막을 수 있기 때문이다.

ON AIR

백전백승
길거리 인터뷰 비결

　찬바람이 매서워지고 겨울이 성큼성큼 다가오면 방송가도 겨우살이 준비로 분주해진다. 주로 야외 촬영을 할 때 필요한 두꺼운 롱패딩이나 핫팩 등을 챙기지만 가장 좋은 건 아무래도 밖에서 촬영하는 시간 자체를 줄이는 것이다.

　야외 촬영하면 흔히 드라마를 떠올리기 쉽지만, 사실 뉴스도 야외에서 촬영할 때가 많다. 특히 추울 때 곤혹스러운 것이 길거리 인터뷰인데, 기온이 떨어지면 사람들도 발걸음이 빨라져 현장 섭외가 녹록치 않기 때문이다. 거기에 겨울이라 해도 빨리 떨어지고 조명도 부실하니 '이러다 인터뷰 실패하는 거 아닌가' 조바심에 발이 저절로 동동거려진다.

이럴 때를 대비해 제작진마다 가진 '빠르고 쉽게 인터뷰에 성공하는 법'을 가진 경우가 많다. 그중 성공 확률이 비교적 높은 것 중 하나가 '아기나 반려동물'을 공략하는 것이다. 카메라가 부담스러워 뒷걸음치던 사람들도 "아기 정말 귀엽네요~!" 또는 "강아지 이름이 뭐예요?"라고 말을 붙이면 비교적 쉽게 마음을 연다. 본인보다는 아기나 강아지를 자랑하고 싶은 마음이 있기 때문이다. 그래서 아기나 강아지를 먼저 카메라로 찍어주며 "예쁘게 나온다, 화면에 잘 보이게 아기(또는 강아지)를 안아 달라" 요청을 하고 질문을 던지면 백발백중 술술 대답해준다. 귀여운 조력자 덕분에 그날 촬영은 평소보다 일찍 마무리할 수 있는 것이다.

호기심 어린 시선을 눈치채는 것도 중요하다. 촬영하다 보면 스치듯 눈이 마주치는 사람이 있다. 대부분은 우연이지만 이상하게 고개를 돌릴 때마다 몇 번씩 마주치는 사람이 있다. 그런 경우는 십중팔구 취재에 관심을 가진 사람이다. 하지만 섣불리 다가가선 안 된다. 호기심은 있지만 부끄러워 나서지 못하는 경우도 많기 때문에 어설프게 다가갔다간 도망갈 수도 있다. 그러니 이럴 땐 카메라 뒤로 슬쩍 돌아서 다가간 후 "촬영이 이러저러하게 진행되고 있다"며 궁금한 점을 알려주며 먼저 친해지는 게 중요하다. 그러고 나서 인터뷰를 부탁하면 대부분 즐거운 마음으로 응해줄 때가 많다.

길거리 인터뷰는 예능으로 치면 일명 '생(生)리얼 버라이어티'다.

추운 날씨에 일면식도 없던 사람을 붙잡고 취재 의도 설명, 인터뷰 촬영, 얼굴 공개 여부 확인 등 수 많은 '미션'을 일사천리로 완수해야 한다. 비록 추위와 시간에 쫓기는 고달픈 촬영이지만, 진실한 인터뷰를 위해선 먼저 마음을 얻어야 하는 것을 잊지 말아야 한다.

ON AIR

태풍의 추적자들

"진로 변경됐습니다. 군산팀 격포로 이동하겠습니다"

"제주공항 불이 꺼졌어요. 전화연결로 전환합니다!"

한반도에 태풍이 관통할 때면 취재팀과 생방송 제작진 간에 흔하게 주고받는 메신저 내용이다.

생방송 뉴스 제작진의 숙명은 '현장'에 있어야 한다는 것이다. 태풍이 온다고 뒤에 숨을 여유 따위는 없다. 취재기자와 중계팀은 비옷과 장화를 챙겨들고 태풍을 쫓아 진격한다. 시시각각 변하는 태풍 진로에 따라 중계 포인트를 바꿔가며 실시간 현장연결을 하는 모습은 흡사 '태풍의 추적자'들 같다.

사실 예전엔 이런 기민한 현장 중계가 어려웠다. 일단 중계 장비

세팅이 너무 번거로웠다. 큰 중계차를 몰고 나가 통신 사정이 좋은 곳에 한 번 장비를 설치하면 그 이후엔 이동이 쉽지 않았다. 하지만 일명 '백팩'이라 불리는 무선통신용 중계 장비가 도입되면서 혁명이 시작됐다. 말 그대로 '백팩'을 배낭처럼 짊어지고 달려가 와이파이가 터지는 곳이면 어디서든 중계를 할 수 있게 된 것이다.

재해 상황에서 반드시 '현장'에 있어야 하는 것은 앵커도 마찬가지다. 방송국 사람들에겐 '현장'이 방송국이다. 그러니 생방송을 진행해야 할 부조와 스튜디오에 무슨 일이 있어도 제시간에 도착해야한다. 그러니 폭설로 길이 막혀도, 홍수로 다리가 통제돼도 반드시 '출근'해야 한다. 한번은 강풍으로 나무들이 뿌리째 뽑힌 도심을 돌고 돌아 몇 시간을 헤매다가 극적으로 출근한 적이 있다. 앵커와 출연자들도 길이 막히면 종종 차를 적당한 곳에 시우고 전력 질주할때가 많다. 그래서 날씨가 심상치 않을 땐 종종 '그냥 방송국서 자고 낼 방송하자'며 쿨하게 잠자리를 보러 다닐 때도 많다.

태풍 같은 자연재해는 시청자의 생명과 재산에 직접적인 영향을 미친다. 그럴 때마다 방송 제작진도 그 어느 때보다 사명감을 가지고 현장에 뛰어든다. 오락가락 변덕스러운 태풍 탓에 끼니도 거르기 일쑤고, 무거운 '백팩'을 메고 현장을 누비자면 고단함은 몇 배가 되지만 그래도 현장이 주는 긴장감을 그대로 전달할 수만 있다면 방송 제작진에겐 최고의 보람된 순간이 된다.

33년 전 사건의
섭외 경쟁

모든 일에는 끝이 있다고들 하지만 사건 프로그램을 제작하다 보면 이 말이 꼭 들어맞지는 않는 다는 걸 깨닫게 된다. 억울한 죽음은 있는데 범인은 없는, 이른바 '장기미제사건'들을 만날 때가 그렇다. 그러나 "이젠 잡기 글렀다" 체념하는 순간, 거짓말처럼 범인이 모습을 드러내기도 한다. 반드시 끝이 있으니 포기하지 말라는 듯.

그날의 '끝'은 한밤중의 속보로 시작됐다. '화성 연쇄살인 유력 용의자 확인'. 방송 일을 시작하기 전부터 이미 미제사건이었고, 수많은 시사다큐 프로그램에서 범인을 찾으려고 노력했던 바로 그 사건의 범인. '그놈'의 정체가 수면 위로 올라왔다니, 그것도 33년 만에 갑자기!

순간 머릿속이 백지가 됐다. "뭐라고?" "헐" "대박" 제작진 SNS 대화방에서도 한동안 이런 멍한 단어들만 오고 갔다. 하지만 언제까지 넋을 놓고 있을 순 없었다. 거대한 일의 '끝'은 제작진에겐 아주 특별한 방송의 '시작'이니까.

일단 당시 수사담당자부터 수소문해야 했다. 그동안 몇 차례 이 사건을 다뤘기 때문에 다행히 수사담당자와는 안면이 있었다. 하지만 다른 언론사들의 취재경쟁이 시작됐기 때문에 수사담당자가 출연에 부담을 느끼고 있었다. 어느 한 방송사만 나가기 미안하다는 것이다. 망설이는 그에게 그동안 우리가 얼마나 이 사건에 관심을 가졌는지 긴 시간 설득하고 나서야 섭외에 성공했다.

다음은 프로파일러와 법의학자 순서. 엽기적인 범행수법에 전문가 분석이 절실했지만, 갑자기 시간 낼 사람 찾기가 쉽지 않았다. 연거푸 섭외에 실패하고 낙담하고 있는데 생방송 직전 한 권위 있는 프로파일러가 응답을 해 왔다. 다른 스케줄상 출연은 어렵지만, 전화로 인터뷰를 해주겠다는 것이다. 늦은 밤 다급한 요청을 거절한 것이 내내 마음에 걸렸다고 한다.

섭외 전쟁이 치열했던 수사담당자가 독점 출연한 덕분에 스튜디오 앞에는 타사 기자들이 장사진을 치는 진풍경까지 벌어진 후, 특집 방송은 성공적으로 마무리됐다. 정신없이 방송을 준비한 제작진 역시 33년을 끈 장기미제사건의 종지부를 찍었단 후련함에 마음이 뿌듯했다.

그 이후에도 화성 연쇄살인범의 여죄가 밝혀지고, 그에 따라 억울한 옥살이를 한 사람이 재심으로 누명을 벗는 등 수많은 뒷이야기가 펼쳐졌다. 33년을 포기하지 않고 관심을 가진 끝에 만난 진실은 또 다른 미제사건이 희망을 가지게 될 불씨가 됐다. 제작진은 지금도 어딘가 몸을 숨기고 있을 범인들에게 '완전범죄는 없다'는 시그널을 끝없이 보낼 것을 다짐해본다.

외국어 인터뷰는
눈치 게임

과거 한 지상파 뉴스에서 보기 드문 방송사고가 있었다. 소녀상 관련 일본 장관 인터뷰에 엉뚱하게 그 장관이 코로나19 브리핑을 하는 다른 장면이 쓰인 것이다. 일본 특파원이 보내온 인터뷰용 영상과 스케치용 영상을 편집자가 착각해 벌어진 실수였다. 외국인 인터뷰는 보통 '영상 어디쯤 있는 것을 사용하라'며 특파원이 타임코드(Time code)를 적어 편집의뢰를 한다. 그런데 편집자가 외국어도 못하고 공교롭게도 이번처럼 영상 자체가 뒤바뀌면 꼼짝없이 방송사고가 나는 것이다.

외국어 인터뷰는 제작진에겐 상당히 까다로운 상대다. 인터뷰는 20초, 길어야 30초 내외로 사용하게 되는데, 언어의 종류나 표현에 따라 조심해야 할 부분이 많다. 영어나 일본어 같이 자주 쓰는 언어는 그래도 좀 낫지만, 가령 아랍어나 아프리카 국가 언어처럼 비교적 낯선 언어는 번역할 사람을 찾기도 어렵고 단가도 비싸다. 물론 제휴를 맺은 해외 영상 업체가 영어 번역까지 넘기기도 하지만, 이 번역이 빠져있거나 직접 촬영해온 영상은 제작진이 인터뷰 내용을 '알아 내야' 한다.

그래서 종종 사용하는 방법이 현지 코디네이터의 도움을 받는 것이다. 과거 스페인 와이너리 촬영을 갔을 때였다. 인터뷰 대부분이 스페인어인데다 포도주 제조에 관한 것이니 전문 용어도 난무했다. 한국으로 돌아와서 통역사를 고용해도 직접 현장을 보지 않는 이상 정확한 번역이 어려울 것 같았다. 그래서 생각해 낸 방법이 현장에서 번역까지 마치는 거였다. 인터뷰 촬영 때 통역을 해주는 현지 코디네이터 음성도 함께 카메라에 담는 것이다. 하지만 여기도 난관이 있었다. 뉴스엔 길어야 20~30초 내외만 영상을 쓰는데, 친절한 스페인 사람들의 설명이 너무 길었던 것이다. 그래서 또 생각해 낸 방법이 현장에서 즉석 편집까지 하는 거였다. 이 역시 현지 코디네이터 도움을 받았는데, 인터뷰 내용 중 뉴스에 쓸 것을 바로 정한 후에 그것만 짧게 말해달라고 요청해서 촬영을 하는 거였다. 촬영 시간이 몇 배는 더 걸렸지만, 귀국해서 편집할 땐 따로 번역을 안 해도 되는 편리한 방법이었다.

외국어 인터뷰는 생방송 진행에도 부담이 된다. 해당 언어를 모르면 언제 자막을 넣고 빼야 할지 헷갈리기 때문이다. 특히 인터뷰가 길어서 자막을 중간에 바꿔야 할 때는 난이도가 더 높아진다. 사실 이럴 땐 방법이 없다. 그냥 인터뷰를 외워야 한다. 그렇다고 통째로 다 외울 순 없으니 자막 바꿀 타이밍과 인터뷰 끝부분 단어만 외워서 자막을 넣고 뺀다.

그러나 해외에서 큰 뉴스가 터져서 인터뷰가 넘쳐날 땐 이것도 역부족이다. 그럴 땐 할 수 없이 '감으로' 진행을 해야 한다. 외국어 인터뷰를 많이 다룰수록 눈치도 100단이 돼 가는 것이다.

ON AIR

방송국은 흥신소가
아니라고요!

　연말이 되면 휴대전화가 자주 울린다. 송년회를 하자는 전화도 많지만, 딱히 약속 잡자는 것도 아니면서 '그냥 생각나서 연락했다'는 싱거운 내용도 간혹 있다. 하지만 이런 전화일수록 뒷맛이 좀 씁쓸하게 끝나는 경우가 많다. 그냥 생각이 났다더니 한참 뜸을 들이다 꺼내 놓은 용건인즉 "내가 아는 어떤 사람이 있는데, 아주 괜찮으니 네 방송에 출연을 시켜 달라"는 것이다. 아니 정작 전화 건 당사자도 오래 못 봐서 얼굴이 가물가물한데 얼굴조차 본 적 없는 자기 아는 사람을 출연시키라니…. 난감할 뿐이다.

　출연 부탁뿐만이 아니다. 어떤 이는 '본인이 하는 사업에 어느 연예인이 자기 사업에 투자했는데 대단하지 않냐'며 뉴스에 내달라 떼

179

를 쓴다. 연예인이 가욋돈 바라고 투자한 게 왜 대단한 뉴스가 되는지 몰라서 어리둥절할 뿐이다.

하지만 이 정도는 애교일 때도 있다. 한 번은 지인이 전화를 걸어와 '중고차를 샀는데 아무래도 판매원이 자기를 속인 것 같으니 카메라로 겁을 좀 줘 달라'는 어처구니없는 부탁도 서슴지 않고 해온다. 방송국을 완전 흥신소 취급을 하는 것이다. 물론 모든 부탁은 철저하게 '안 된다'며 단칼에 자르지만, 한편으로는 방송 제작과정이 오해를 사고 있는 건 아닌지 걱정이 된다.

이참에 확실하게 해 두자면 방송이 제작되는 과정도 일반회사와 같이 '보고 체계'가 존재한다. 각 방송국 따라 직제는 일반적인 회사와 조금 다르지만, 부장, 국장, 본부장 등 모든 의사결정에는 데스크의 확인을 거쳐야 한다. 아이템을 결정할 때도 제작진이 회의를 통해 후보를 선정하면, 그 내용을 데스크 확인을 거쳐 최종적으로 확정하는 절차를 밟는다. 특히 공신력이 생명인 뉴스나 시사 프로그램에 새로운 출연자가 등장하려면 왜 그 사람을 섭외했는지 객관적인 선정 이유가 있어야 한다. 그러니 제작진이 출연자 한 명을 캐스팅하기 위해선 자가 검증을 더 혹독하게 하게 된다. 맘에 드는 출연자가 혹시 타 방송에 나오면 자다가도 벌떡 일어나 사진을 찍어 두고, 나중에 찬찬히 이력을 조회하며 프로그램에 적합한 인물인지 탐구한다. 이때는 단순히 경력만 보는 것이 아니라 사고 이력은 없는지 검증하고 목소리 톤이나 어휘 구사력, 시선 처리 등 내용 전달력도 냉정히 평가한다.

한 명의 PD나 기자가 방송을 좌우할 것이란 환상은 아무래도 드라마나 영화가 극적 효과를 위해 현실성 없는 설정을 하기 때문이지 싶다. 드라마에선 앵커나 기자가 생방송 중에 느닷없이 예정에 없던 내용을 방송하고, PD가 출연자 캐스팅에 전횡을 일삼는 모습으로 종종 그려지기도 한다. 하지만 현실에선 원고에도 없는 내용을 맘대로 방송했다간 징계감이고, PD 독단으로 캐스팅 휘둘렀다간 갑질 논란을 피할 수 없다. 드라마는 드라마일 뿐인 것이다.

ON AIR

아는 것을
다 이야기할 순 없어요

오랜만에 만난 친구끼리 즐거운 자리가 무르익을 때면 꼭 듣게 되는 질문이 있다.

"야, 넌 뉴스PD니까 알 거 아냐, 그 사건 진짜 알려진 게 다야?"

"범인 얼굴 봤어? 어떻게 생겼냐?"

"CCTV 봤냐? 진짜 대박이지?" 등등.

'넌 방송국에서 일하니 좀 더 색다른 걸 알아야 할 거야!' 이런 기대가 잔뜩 엿보인다. 하지만 아쉽게도 그런 정보는 사석에서도 말해주기 어려운 경우가 많다.

방송국은 수많은 정보가 넘쳐나는 곳이다. 하지만 이렇게 알게 된 것을 분별없이 떠들고 다닐 수는 없다. 아는 만큼 입도 무거워야 하는 것이 방송 일이다. 사건 프로그램을 담당하는 경우 경찰 취재가 기본이다. 그래야 사건경위를 제대로 파악할 수 있기 때문이다. 간혹 이 통화에서 얻게 되는 비공개(Off The Record) 정보가 있는데, 대부분 범행수법이나 동기에 관한 것이다. 앞서 말한 친구들이 기대하는 '색다른 내용'이긴 하지만 방송에서 상세하게 묘사하진 않는다. 피해자의 인권을 침해하거나 모방 범죄 우려가 있기 때문이다. 물론 사석에서도 함부로 발설하지 않는다.

사건 경위뿐만이 아니다. 방송 준비를 하다 보면 당연히 CCTV 영상도 먼저 본다. 편집하기 전 일명 '풀(Full) 영상'을 볼 수 있으니 특권이라면 특권이다. 그러나 너무 선정적이거나 참혹한 장면은 당연히 모자이크 하거나 삭제하고 방송한다. 영상을 보는 시청자의 충격을 염두에 두고 편집해야 한다.

남들보다 더 많이, 더 먼저 알게 되는 것은 괴로운 순간도 먼저 맞는다는 것을 뜻한다. 외신으로 들어온 IS 참수 영상을 무방비로 보고 충격을 받기도 하고, 기사에선 단 한 줄로 '잔인했다' 묘사된 살인현장이 실은 유혈 낭자한 참혹한 광경이라는 사실에 악몽에 시달리기도 한다. 방송 준비를 위해 몇 시간씩 피폐한 내용을 파다 보면 어쩔 수 없이 우울감에 빠질 때도 있다. 남들보다 조금 더 안다는 것. 그 무게를 견뎌야 하는 것이 방송인의 숙명이다.

방송 현장에
살아 있는 일본어

오래 전 방송국 첫 출근을 앞뒀던 밤, '방송 일이 엄청 고되다는 데…' '선배들 텃새가 장난 아니라는데…' 갖가지 고민으로 잠 못 이 뤘던 기억이 있다. 하지만 첫 출근 날 기다린 것은 산더미 같은 일도, 성격 까칠한 선배도 아니었다. 어처구니없게도 분명 우리말로 이야 기 하는데 말을 알아듣겠는, 일명 '먹통 현상'이 생긴 것이다.

PD 왈(曰) "'시바이'를 더 넣어서 '오도시'를 줘요", 작가 왈(曰) "그 럼 '데모찌'로 해요. '니주' 살게". 아, 대체 무슨 소리란 말인가? 느낌 상 일본말인 건 알겠는데 도무지 감이 안 잡혔다. 나중에야 다른 작 가의 통역으로 그 대화가 "'설정'을 더 넣어서 '반전'을 만들어 줘요", "그럼 '카메라를 어깨에 메고' 찍어요. '복선' 깐 거 살게"라는 말이란 걸 알았다. 이 말들을 못 알아들으면 아무 일도 할 수 없는 지경이었으니, 일보다는 말을 먼저 배워야 했던 시간은 그 이후로도 한참 더 이어졌었다.

그런데 제작현장의 일본어를 익히고 나니, 이번엔 다른 위기가 닥쳤다. 몇 년 뒤 보도국으로 자리를 옮기며 이번엔 취재현장의 일본어를 익혀야 했기 때문이다.

"사스마와리(경찰출입기자)한테 전화해 봐라"

"미다시(표제어, 영어로는 헤드라인) 뽑았냐?"

"이 기사들 우라까이(모아서 변형하다) 해 와라" 등….

눈치껏 알아채야 하는 '신상' 일본어들이 융단 폭격처럼 쏟아졌다. 하지만 이때만 해도 이런 말들을 좀 써야 전문적인 듯 착각했었고, 또 의사소통도 훨씬 수월하니 죄책감 없이 썼던 것 같다. 지금도 방송계 내부에서 꾸준히 자정작업을 벌이고 있다지만, 아직도 첫 작품을 연출한 PD에게 "입봉 축하하다"거나, 기자에게 "야마(요점)가 뭐냐?" "그럼 간지 (느낌) 살까?"라고 묻는 것이 자연스러울 만큼 일본어는 끈질긴 생명력을 이어가고 있다.

요즘 '온 국민이 애국자'라는 말이 있을 정도로 우리 것에 대한 자부심을 갖자는 운동이 한창이다. 방송 제작진도 '방송 언어'만 맞춤법 맞추고 교열만 보지 말고, '방송국 언어'부터 일본어 잔재를 털어내 보자 다짐해본다.

위기의 순간에
빛나는 팀워크

뉴스PD들이 우스개로 하는 말이 있다. '생방송에서 30초면 밥 먹고 커피까지 한잔할 시간이다' 그만큼 긴박하게 돌아가는 생방송 중에는 단 몇 초 만에 일이 일어나고, 그만큼 많은 일도 처리할 수 있다는 뜻이다. 실제로 긴급 특보를 진행할 땐 단 5초 만에 출연자도 교체한다.

생방송 제작진에게 '시간'은 한없이 소중하면서도 무서운 존재다. 단 3초만 오디오가 끊겨도, 단 0.0001초만 화면이 껌벅여도 방송사고이기 때문이다. 그래서 제작진은 단 몇 초라도 오차가 생기지 않도록 촘촘하게 큐시트를 짠다.

그런데 아무리 준비를 철저히 해도 위기는 불시에 닥친다. 과거 하루종일 준비한 아이템이 갑자기 방송이 어렵다는 판단이 내려진 적이 있었다. 그것도 생방송 시작을 단 9분 남겨 놓고. 아이템이 소위 '엎어진' 적은 많았지만, 이렇게 방송 직전에 엎어진 적은 없어서 솔직히 많이 당황했다. 당장 10분 가까이 방송이 펑크 나게 생긴 것이다. 30초면 밥도 먹고 커피도 마신다는데, 10분이면 어지간한 곳에 여행도 다녀올 시간이었다.

바로 그 순간 팀워크가 빛을 발했다. 위기를 감지한 순간 모두가 팔을 걷어붙이고 나선 것이다. 먼저 작가팀이 너도나도 '내가 새 아이템으로 원고 하나 더 쓰겠다'며 나서줬다. 원고 안 쓰는 작가들은 여기저기 전화를 돌려 기사의 사실 확인에 나섰다. 급할수록 더 철저히 팩트체크를 해야 하기 때문이다. PD팀도 열심히 뛰었다. 원고에 맞춰 생방송 틈틈이 관련 밑그림을 만들고, 녹취 영상을 제작했다. 제작 시간이 촉박할 땐 큐시트 순서를 앞뒤로 조정해가며 시간을 벌었다.

스튜디오 안에선 앵커와 패널들이 분투해줬다. 앵커는 수시로 바뀌는 아이템 순서에 당황하지 않고 질문을 유도했고, 패널들도 평소보다 조금 더 상세한 설명으로 시간을 벌어줘서 제작진이 숨 돌릴 틈을 만들어줬다. 이렇게 전쟁 같았던 90분의 생방송이 지나가고, 제작진은 누가 먼저랄 것 없이 서로에게 "고맙다"는 벅찬 인사를 나눌 수 있다.

매일 생방송을 제작하다 보면 이렇게 피할 수 없는 위기의 순간
들이 찾아온다. 늘 "다시는 겪고 싶지 않다" 몸서리치지만, 그래도
슬쩍 웃으면 돌아설 수 있는 건 끈끈한 팀워크에 가슴 한편이 따뜻
해졌기 때문일 것이다.

막내들의
반전 매력

어느 조직에나 막내가 있다. 딱 정해진 바는 없지만 방송제작팀에서는 AD, FD 등이 '막내 라인'이다. 잠깐 설명하자면 AD는 조연출, FD는 스튜디오 안을 책임지는 스태프다. 대부분 PD 지망생이라 아직은 어리고 경험도 부족하며 실수도 잦다. 때로는 선배들에게 눈물 쏙 빠지게 야단도 맞고, 돌이킬 수 없는 방송 사고를 낸 선배들이 대신 경위서를 쓰게도 만드는 요주의 인물들이다. 하지만 이렇게 얼핏 들으면 사고뭉치 같이 들리지만, 사실 막내들은 미워할 수 없는 반전 매력의 소유자들이다.

그중 선배를 마르고 닳도록 찾아내는 귀염둥이들이 있다.

"선배님, 지금 녹취 순서가 맞나요?"

"선배님, 원고 다 보셨나요?"

"선배님, 인터뷰 자막 이상하죠?"

선배님, 선배님, 선배님… '막내 시집살이'라고 우스갯소릴 할 만큼 묻고 또 묻는다. 그 모습이 무척 귀엽고 또 한편으론 든든하다. 모르는 만큼 선배에게 물어서 절대 실수하지 않겠다는 굳은 의지가 보이기 때문이다.

막내들 덕분에 옛날 생각이 날 때도 있다. 경험이 무엇보다 중요한 방송계에선 지금도 그렇지만 예전에도 교재 없이 선배의 노하우를 습득하며 실력을 키워나가야 했다. 그러니 속칭 '방송 무식자' 처지인 막내시절엔 방송 용어도 제대로 몰라 어려움을 참 많이 겪었다. 처음 생방송 진행을 배울 땐 도대체 무슨 말인지 감이 안 와서, 궁여지책으로 선배의 콜(스태프에게 내리는 명령어) 소리를 녹음해 외국어 테이프처럼 듣고 다녔다. 또 큐시트를 프린트해 집으로 가져가서 미리 녹화해놓은 뉴스를 틀어 놓고 그대로 가상 진행도 해 봤다. 이렇게 몇 번이고 연습을 했어도 막상 생방송에 직접 투입됐을 땐 벌벌 떤 기억밖엔 없지만.

자막을 뽑을 때도 난관이 있었다. 뉴스 자막은 13~15자 내외로 일목요연하게 의미를 전달해야 한다. 그러나 문장을 함축적으로 다듬는 일은 생각보다 어려웠다. 선배들은 기사만 봐도 척척 뽑아내던데, 이상하게 그게 참 어려웠다. 그래서 유행가 가사나 소설 구절을 닥치는 대로 13자로 줄이는 연습을 했다. 한참 연습할 때는 음식점 메뉴까지 글자 수를 줄여보다가 친구에게 타박을 들을 정도였다.

그런데 역설적인 것이 나의 실력이 한참 모자라던 그 시절이 방송사고는 오히려 적었다. 언제나 노심초사하며 스스로 한 일을 의심하고 확인 또 확인했기 때문이다. 도리어 경력이 쌓이면서 '이 정도는 괜찮겠지' 하고 방심하는 순간 반드시 사고가 발생하곤 했다. 막내 때의 초심을 잃은 뼈아픈 대가였다. 그런 막내들이 동동거리며 물어오는 질문이 어찌 귀찮기만 할 수 있을까. 아기처럼 아슬아슬 위태로워 보이지만 막내들의 초심과 열정이 한편으론 부러운 이유다.

막내들을 칭찬하고 싶은 또 하나의 이유는 그들이 '전천후 인류'라는 점이다. 컴퓨터를 잘 다루는가 하면 음악에 조예가 깊고, 음악을 잘 아는가 싶으면 평균이상의 미술솜씨를 자랑한다. 그만큼 방송 일을 하고 싶은 열정으로 오랜 시간 준비해 온 인재란 뜻이다. 이러니 조금만 가르치면 금방 편집도 잘하고, BGM(배경음악)도 멋지게 선곡해 깔고, 어지간한 소품도 척척 만든다. 종합예술이라는 방송에선 속칭 '존재감 갑(甲)'인 셈이다.

이들의 존재감이 새삼 발휘될 때가 또 있다. 속보가 터져 전 스태프가 몇 시간씩 식사도 화장실 가는 것도 잊고 생방송에 매달릴 때면, 미안한 마음에 막내를 쳐다보게 된다. '지쳐있겠지' 싶어 안타까운 눈길을 보내면 어김없이 '괜찮다'는 듯 미소를 되돌려준다.

때로는 까다로운 편집 때문에 같이 밤샘 작업을 하고 나서도 "피곤하지?" 물어보면 "편집 잘 나온 건가요?"라며 프로그램 걱정부터 해준다. 회식 중에 속보가 터져 선배PD들에게 회사 복귀 명령이 떨어지면, 선선히 마시던 술잔을 내려놓고 "우리도 들어가겠다"며 일어서는 의리도 보여준다. 능력만큼 자긍심이 있고, 열정만큼 배려가 있다. 아직 집에선 한참 응석 부릴 나이일 텐데 사회에선 이렇게 의젓하다, 우리 막내들이.

막내들은 선배들의 초심을 자극하는 고마운 친구들이다. 지금 방송국에서 무럭무럭 성장하는 막내들처럼 방송 일을 꿈꾸는 젊은 이들이 많다. 방송은 경쟁이 치열하고 일이 고돼서 '지옥의 연속 야근'이니 '3D 업종'이니 무시무시한 이야기를 많이 들을 것이다. 하지만 의지가 있다면 두려워 말고 도전해 보라. 막내들의 매력에 흠뻑 빠진 선배들이 항상 뒤에서 든든하게 함께 해 줄 것이다. 그리고 그 도전에 이 책이 아주 작은 도움이라도 되었길 바래본다.

꿈부터 포기하지 말자

어린 시절 누구나 듣는 질문이 있다. 장래희망이 뭐냐는 말이다. 공부를 잘 하는 친구들에겐 포부를 묻는 말로 들리고, 그렇지 않은 경우엔 '커서 뭐가 될래?' 라는 책망으로 들린다. 나는 후자였다. 그저 학업엔 별 흥미 없이 엉뚱한 상상을 즐기던 개구쟁이였다. 그런 내게 이상한 고집이 있었다. '꿈이 뭐냐?'는 질문에 주저 없이 '방송국에서 일할 거야'라고 답하는 무모함이었다. 연예인이 되고 싶은 건지 PD가 되고 싶은 건지 구체적이지도 않으면서 밑도 끝도 없는 희망사항이었다. '방송국 들어가려면 성적이 좋아야 한다'는 설명에도 별로 공부는 열심히 안 하면서도 꿈은 접지 않는 고집에 부모님조차 의아해 할 정도였다.

별 이유는 없었다. 굳이 찾자면 글 쓰는 것과 TV 보는 걸 즐기는 정도? 하지만 특이한 점은 있었다. TV 프로그램 중에서 유독 뉴스를 좋아했다. 다른 아이들은 만화나 쇼를 볼 나이부터 뉴스라면 아침저녁 TV 뉴스부터 신문까지 꼼꼼히 챙겨보는 취미가 있었다. 놀러 가서도 다들 잠든 새벽에 홀로 일어나 아침뉴스를 시청하고 다시 잠이 들 정도였다. 그래서 꿈을 포기하지 않았다. 취업은 나중 일인데 꿈부터 포기할 필요는 없지 않은가?

하지만 역시 '언론고시'라는 시험을 통과해 방송국에 입성하기엔 성적이 많이 모자랐다. 그래도 괜찮았다. 방송국에 들어갈 방법이 설마 하나뿐이겠는가? 그래서 선택한 방법이 방송아카데미였다. 글 쓰는 걸 즐기는 내가 도전해 볼 구성작가 과정도 있었고, 수료하면 취업도 알선해 준다니 안성맞춤이었다. 그렇게 아카데미를 수료한 후 '장학퀴즈'라는 프로그램을 거쳐 1년 만에 공중파 보도국 작가로 입성했다. 보통 구성작가들은 기자 위주의 시스템에 딱딱한 아이템을 주로 다루는 뉴스를 선호하지 않는다. 하지만 호기심 많은 나에겐 작가가 취재도 하고 촬영도 같이 다니고 편집과 종편까지 전 과정에 참여하는 것이 매력적이었다.

그렇게 뉴스작가로 신나게 일하던 내게 또 한 번의 도전이 찾아왔다. 뉴스PD로 발탁된 것이었다. 아직 뉴스PD라는 직업이 생소하던 시절이라 기자가 겸업을 많이 하던 때였는데, 전문 뉴스PD 시스템이 도입되며 내부 선발이 있었다. 제안을 받자마자 앞뒤 재지 않고 도전했다. 그저 방송국에서 일하고 싶었고 뉴스가 좋아서 꿈을 포기하지 않았던 고집쟁이가 묵묵히 한 곳을 보고 걷다 보니 꿈을 이룬 셈이었다.

하지만 진짜 도전은 뉴스PD가 되고 나서부터 시작됐다. '진짜 뉴스'를 다루는 세계는 작가로 바라보던 때와 완전히 달랐다. 또 일명 '언론고시'를 보고 들어온 기자들과 어깨를 나란히 하고 레이스를 펼친다는 건 쉽지 않은 일이었다. 짧은 실력을 만회할 노력을 그때부터 해야 했고, 학연이나 공채 기수 등으로 돈독한 사회에서 홀로서는 고독함은 덤으로 얻었다.

하지만 방송 일의 큰 매력 중 하나가 노력을 알아준다는 것이다. 비록 한참 뒤처진 출발을 하더라도 한 분야에서 꾸준히 노력을 한 사람에겐 기회가 찾아온다. 물론 시간이 걸린다는 치명적 난관이 있는 것도 사실이다. 얼마나 인내해야 하느냐 묻는다면 선뜻 대답해 줄 수 없다. 그래도 도전해 보라 말할 수 있는 건 해 보지 않고는 방송의 매력을 알 수 없기 때문이다. 결과를 알고 시작하는 것은 도전이 아니다. 시작도 안 해보고 꿈부터 버릴 순 없지 않은가. 그 도전에 이 책이 도움이 되었으면 한다.

이PD의 **방송국 탐구생활**

초판 1쇄 발행 2021년 12월 10일
초판 3쇄 발행 2024년 4월 15일

지은이 이수연
출판등록 제2022-000141호

자료 사진 필자 제공, 셔터스톡
디자인 design S
편집 이정아

대표전화 070) 7718-3381
팩스 0505)115-3380
이메일 coky0221@daum.net
주소 서울 서초구 서초대로 248 서초르호봇 519호

ISBN 978-89-93709-35-3   03070